LE CHOC AMOUREUX

FRANCESCO ALBERONI

LE CHOC AMOUREUX

Recherches sur l'état naissant de l'amour

ÉDITIONS RAMSAY

Titre original de l'ouvrage
Innamoramento e amore

Traduit de l'italien
par Jacqueline Raoul-Duval
et Teresa Matteucci-Lombardi

© Aldo Garzanti Editore, 1979.
© Éditions Ramsay, 1981, pour la traduction française.
ISBN : 2-266-05049-4

A l'origine,
ce livre a pour titre *Innamoramento e amore*.
La langue italienne
a conservé le sens du mot « innamoramento »
là où le français n'utilise plus
l'ancien verbe « s'énamourer »
que dans certains usages désuets ou dérisoires.
Aussi a-t-on choisi, dans cet ouvrage,
l'expression « amour naissant »
pour rendre la même idée.

1.

Qu'est-ce que tomber amoureux ? *C'est l'état naissant d'un mouvement collectif à deux.* Cette définition pourrait conclure une longue analyse de faits et d'interprétations.

J'ai préféré la placer en introduction pour qu'elle nous guide dans ce court voyage à travers un territoire que nous connaissons tous, car tous nous avons directement vécu l'expérience de l'amour, qui reste pourtant énigmatique et insaisissable. Cette définition pose le problème de tomber amoureux d'une façon nouvelle et le situe dans une optique différente de celle à laquelle nous ont habitués la psychologie, la sociologie et même l'art.

Tomber amoureux n'est ni un phénomène quotidien, ni une sublimation de la sexualité, ni un caprice de l'imagination. Ce n'est pas non plus un phénomène *sui generis*, ineffable, divin ou diabolique. Ce phénomène peut cependant se classer dans une catégorie déjà connue, celle des mouvements collectifs. Mais il s'en distingue par une originalité particulière et spécifique : on ne peut le confondre, par exemple, avec des mouvements comme la Réforme protestante, ou le mouvement étudiant, le mouvement féministe, le mouvement de David Lazzaretti[1] ou le mouvement islamique de Khomeiny. La confusion est absolument impossible. Si tomber amoureux appartient à la même famille d'événements, il en constitue, pourtant, un cas spécial. Entre les grands mouvements collectifs de l'histoire et le fait de tomber amoureux il y a cependant une parenté très proche ; la nature des forces qui se libèrent et qui agissent sont du même type ; de nombreuses expériences, la solidarité, la joie de vivre, le renouveau, sont analogues. Mais il existe une différence fondamentale entre eux : les grands mouvements collectifs impliquent un très grand nombre de personnes et restent ouverts à d'autres individus. Tomber amoureux, au contraire, tout en étant un mouvement collectif, ne concerne que deux êtres seulement ; quelle que soit la valeur universelle qui puisse s'en dégager, son horizon d'appartenance est strictement lié au fait d'être complet, achevé, avec deux personnes et deux seulement. C'est là sa spécificité, sa singularité, ce qui lui confère certains caractères uniques.

De nombreux sociologues ont déjà analysé les mouvements collectifs, ils nous ont décrit les expériences qui s'y produisent. Durkheim, par exemple, traitant des états d'effervescence collective, dit : « L'homme qui les éprouve a l'impression qu'il est dominé par des forces qu'il ne reconnaît pas comme siennes, qui le mènent, dont il n'est pas maître (...) il se sent comme transporté dans un monde différent de celui où s'écoule son existence privée. La vie n'y est pas seulement intense, elle est qualita-

1. David Lazzaretti (1834-1879) créa un mouvement religieux qui connut un certain succès. Il fut abattu par les gendarmes alors qu'il se proclamait l'incarnation du Christ *(N.d.T.)*.

tivement différente (...) L'individu se désintéresse de lui-même, s'oublie, se donne tout entier aux fins communes (...) (Ces forces) éprouvent le besoin de se répandre pour se répandre, par jeu, sans but (...) A ces moments, il est vrai, cette vie plus haute est vécue avec une telle intensité et d'une manière tellement exclusive qu'elle tient presque toute la place dans les consciences, qu'elle en chasse plus ou moins complètement les préoccupations égoïstes et vulgaires[1]. » Quand Durkheim écrivait ces lignes, il ne pensait pas du tout à l'amour naissant mais songeait à la Révolution française et à d'autres événements révolutionnaires de vaste portée. En effet, les émotions qu'il décrit sont très courantes. Elles se retrouvent au sein de ces grands processus historiques tels la Révolution française, le développement du christianisme ou celui de l'islam, mais également dans d'autres mouvements de moindre importance.

Tous les mouvements collectifs dans leur phase initiale, celle que nous définirons comme l'état naissant, possèdent ces mêmes caractéristiques. Il est curieux que l'analyse de Durkheim puisse s'appliquer également à la passion amoureuse. Max Weber nous donne un deuxième exemple dans son étude des phénomènes au cours desquels la créativité, l'enthousiasme et la foi se manifestent pleinement. Mais il les considère comme un aspect du pouvoir, c'est-à-dire comme quelque chose qui dépend de l'apparition d'un chef charismatique[2]. Ce chef charismatique se signale par sa rupture

1. E. Durkheim, *Jugements de valeur et jugements de réalité*, in « Philosophes et savants français », Librairie Félix Alcan, 1930, p. 42, 43, 44.
2. Max Weber, *Économie et société*, Plon, 1971.

avec la tradition ; il entraîne ses disciples dans une aventure héroïque et suscite chez ceux qui le suivent l'expérience d'un renouveau intérieur, d'une « métanoïa » au sens où l'entend saint Paul.

Sous l'impulsion d'un chef charismatique, les soucis économiques cèdent la place à un libre épanouissement de la foi et de l'idéal, à une vie d'enthousiasme et de passion. Toutes ces réactions, Weber les attribue au chef, à ses qualités de chef. En réalité, il commet l'erreur que fait chacun de nous lorsqu'il tombe amoureux : celle d'imputer l'expérience extraordinaire qu'il est en train de vivre aux qualités de l'être aimé. L'être aimé, en revanche, n'est pas différent des autres, de même que nous ne sommes pas différents des autres hommes. C'est la nature des relations qui s'établissent entre nous et celui que nous aimons, la nature de l'expérience extraordinaire que nous vivons, qui rendent différente et extraordinaire la personne aimée et, plus profondément, qui nous rendent tous deux différents et extraordinaires.

Voilà donc notre point de départ. Dans l'histoire, dans la vie sociale, existent des phénomènes particuliers — les mouvements collectifs — dans lesquels les rapports entre les individus changent substantiellement, radicalement, et où la qualité de la vie et de l'expérience se transfigure. C'est dans ces moments que naissent les religions, l'islam, le christianisme, la réforme, mais aussi les sectes, les hérésies, les mouvements syndicaux ou étudiants. C'est dans ces moments, enfin, que surgit un « nous » collectif nouveau, composé uniquement de deux personnes unies par l'amour. Dans une structure sociale déjà existante, le mouvement sépare ce qui était uni et unit ce qui était séparé pour créer un sujet collectif nouveau, un « nous » qui, dans le cas de la passion amoureuse, se constitue dans le couple de l'aimant/aimé. Les forces qui agissent dans les deux cas ont la même violence et la même détermination.

Jusqu'à présent, les sociologues, les psychologues et les philosophes ont éprouvé une sorte de répugnance ou de honte à admettre qu'il y ait quelque chose de commun, ou mieux, d'identique, entre les grands processus historiques tels l'islam, la Révolution française, la Révolution russe et des phénomènes banals, privés, comme la passion amoureuse. Il existe un orgueil de la grandeur. Ces savants ont voulu s'occuper de choses importantes, lourdes de signification, situées au centre de la vie sociale. Et l'amour entre deux petits-bourgeois ou deux jeunes gens quelconques, la passion d'une petite institutrice pour un jardinier, d'un monsieur d'âge mûr pour sa secrétaire, leur paraissent tellement mesquins, tellement sordides, tellement dépourvus d'intérêt qu'il ne leur est pas venu à l'esprit que les forces en présence pouvaient être les mêmes. La biologie d'autrefois a connu la même aventure. Elle plaçait tout en haut de l'échelle l'homme, maître de la création et conçu à l'image de Dieu ; au-dessous, les animaux supérieurs, le cheval superbe, le lion et, tout en bas, les vers, les fourmis, les mollusques. Aujourd'hui, nous savons que tous les animaux ont les mêmes structures cellulaires ; que les protéines qui les composent sont les mêmes, que l'ADN est le même, que la synapse des cellules nerveuses est la même. Bien sûr, l'homme et les animaux supérieurs diffèrent. Nous savons très bien distinguer un cheval d'un ver. Mais leur diversité réside dans le fait que, chez les premiers, les mécanismes biologiques, bio-chimiques et génétiques de base sont intégrés dans des systèmes infiniment plus complexes. Pour comprendre les choses, il faut les étudier une par une, analyser les mécanismes communs et différents. Tomber amoureux est la forme la plus simple d'un mouvement collectif qui ne peut être confondu ni avec la Révolution française ni avec l'enthousiasme des premiers protestants. De même qu'une révolution n'est pas la somme de plusieurs passions amoureuses, de même un cheval n'est ni la somme de plusieurs vers, ni un très grand ver. Ce sont deux êtres différents, mais qui appartiennent tous deux au même règne animal et sont issus des mêmes processus.

La définition déjà donnée — tomber amoureux est l'état naissant d'un mouvement collectif à deux — nous a offert un lieu théorique (un genre) où situer le mystérieux phénomène de l'amour : le champ des mouvements collectifs. Mais prétendre que tomber amoureux est un mouvement collectif nous offre à son tour un formidable instrument d'analyse de ces mouvements. Ils n'apparaissent en effet que de temps à autre. Un individu au cours de son existence peut ne jamais s'y trouver impliqué, ou ne l'être qu'une seule fois. En outre, lorsque des milliers ou des millions de personnes sont concernées, armée chacune de ses intérêts économiques ou de classe, et de toutes les idéologies possibles, l'étude des mécanismes élémentaires devient extrêmement ardue. Mais chacun de nous a connu l'expérience de tomber amoureux, chacun de nous est un bon témoin de ce qu'il a vécu; il peut raconter, il peut parler. L'analyse de la passion amoureuse devient ainsi la clef qui ouvre la porte de phénomènes beaucoup plus complexes et qu'une seule personne ne pourrait saisir par l'expérience.

Tel n'est pas notre sujet, mais celui des sociologues, des philosophes et des historiens. Nous devons nous attacher à ce type particulier de phénomène collectif, qui est celui de tomber amoureux. Pour cela, il nous faut d'abord plonger au fond de cette expérience et en identifier au moins l'un des caractères spécifiques. Cela implique qu'il nous faut rompre avec l'opinion commune qui n'accorde pas à la passion amoureuse un statut différent de celui de la vie quotidienne et de la sexualité. Pour combattre cette opinion qui masque le problème, nous partirons de la sexualité pour découvrir qu'elle porte en elle une différence : il existe un ordinaire et un extraordinaire. Tomber amoureux — comme tous les mouvements collectifs — se joue dans le registre de l'extraordinaire.

2.

Selon une opinion assez répandue, la sexualité animale diffère de la sexualité humaine : cyclique, elle explose à la saison des amours et cesse de se manifester par la suite. Chez l'homme, en revanche, le désir sexuel serait continu, permanent et violent. Lorsqu'il ne l'est pas, c'est qu'il a été réprimé.

On classe donc la sexualité parmi les autres « besoins » — le sommeil ou la faim — constants et d'une intensité presque égale jour après jour. Cette croyance s'est répandue avec la vulgarisation de la psychanalyse. Freud, à la recherche d'une énergie vitale originelle, l'a, dans un premier temps, identifiée à la sexualité. L'énergie vitale, qui nous maintient en vie, doit donc être continue. C'est sur ce postulat que se fondent, aujourd'hui, tous nos discours à propos de la misère sexuelle, fruit de la répression et du pouvoir ; ils sont parvenus, à partir des obscures réflexions de Reich et de Marcuse, à animer les commentaires des diverses enquêtes démoscopiques[1].

1. Shere Hite, *Le Rapport Hite*, Laffont (« Réponses »), 1977. (*N.d.É.*)

Que découvre-t-on dans toutes ces enquêtes ? Que les hommes et les femmes ont, par semaine, un nombre limité de rapports sexuels, plutôt brefs et presque toujours avec le même partenaire. La sexualité est donc continue, ses manifestations peu fréquentes et d'une intensité faible. A peu près comme la faim ou la soif. Pourtant, le sentiment subsiste qu'il ne devrait pas en être ainsi, que tout pourrait être différent.

D'où nous vient cette conviction ?

La réponse me semble être la suivante : tous les hommes et toutes les femmes, au cours de leur vie, ont vécu un temps pendant lequel l'expérience sexuelle était fréquente, intense, extraordinaire, exaltante ; ils souhaiteraient qu'il en soit toujours ainsi. Ces temps extraordinaires constituent l'unité de mesure de la sexualité quotidienne, ordinaire, celle qu'analysent les enquêtes démoscopiques, celle que nous vivons habituellement.

Or, si l'on réfléchit bien au fait que nous avons tous connu, pendant des temps brefs, une sexualité extraordinaire, et pendant des temps longs, une sexualité ordinaire, nous devrions conclure que, en réalité, même chez l'être humain, la sexualité n'est pas continue, comme la faim ou la soif. Elle est là, en permanence, comme les autres « besoins » dans sa *forme ordinaire*, mais elle prend une forme et une intensité totalement différentes, *extraordinaires*, lors d'un certain temps, le temps de l'amour naissant.

La sexualité humaine ne suit pas un cycle biologique ; pourtant, comme la sexualité animale, elle est discontinue et n'éclate dans toute sa magnificence qu'au moment de l'amour. Elle est alors inépuisable et en même temps pleinement satisfaite. Nous vivons des jours et des jours sans cesse enlacés à l'être aimé ; non seulement nous ne tenons pas compte du nombre des « rapports sexuels » ni de leur durée, mais chaque regard, chaque contact, chaque pensée échangés avec l'objet de notre amour se charge d'une intensité érotique, mille fois supérieure à celle d'un « rapport sexuel » ordinaire.

Toute notre vie physique et sensorielle se dilate, s'aiguise ; nous découvrons des odeurs que nous ne sentions pas auparavant, nous distinguons des couleurs que nous ne voyions pas habituellement. Notre vie intellectuelle elle-même se développe, car nous percevons alors des relations autrefois confuses.

Un geste, un regard, un mouvement de l'être aimé nous parlent au plus profond de nous-mêmes de lui, de son passé, de l'enfant qu'il fut ; nous comprenons ses sentiments et les nôtres. Nous avons l'intuition immédiate de ce qui est sincère et de ce qui ne l'est pas, chez les autres et en nous-mêmes, parce que nous-mêmes sommes devenus sincères. Et pourtant nous savons créer un univers de rêves dans lequel nous ne nous lassons jamais de retrouver l'être aimé. Et la sexualité débordante, le désir de plaire et de donner du plaisir investissent tout ce qui appartient à l'être aimé ; nous aimons tout de lui, même l'intérieur de son corps, son foie, ses poumons.

Le rapport sexuel devient alors le désir de pénétrer le corps de l'autre, de vivre dans l'autre et d'être vécu par lui dans une fusion corporelle qui se colore de tendresse pour ses faiblesses, ses naïvetés, ses défauts, ses imperfections.

Mais tout ceci ne s'adresse qu'à une seule personne et à elle seulement. Peu importe, après tout, qui elle est. L'essentiel, quand on tombe amoureux, est de voir surgir une force terrible qui tend à unir nos deux êtres, à rendre chacun de nous deux irremplaçable, unique pour l'autre. L'autre, l'être aimé, devient celui qui ne peut être que lui, l'absolument unique. Cette transformation se produit également contre notre volonté et bien que nous continuions longtemps à croire que nous pourrions nous passer de l'être aimé et retrouver le même bonheur avec quelqu'un d'autre.

Mais il n'en est pas ainsi : une courte séparation suffit à nous prouver, une fois encore, que l'être aimé porte en lui quelque chose d'incomparable, quelque chose dont nous avons toujours ressenti le manque et qui s'est révélé à travers lui, et que, sans lui, nous ne pourrions jamais plus retrouver. Il nous arrive souvent de pouvoir en identifier un détail : les mains, le galbe d'un sein, un pli du corps, la voix, n'importe quoi qui représente, qui symbolise sa diversité et son unicité. C'est le « signe », le « charisme ». L'éros, la sexualité extraordinaire, est monogame.

Les faits montrent donc que notre sexualité se manifeste tantôt d'une façon ordinaire, quotidienne, tantôt d'une manière extraordinaire, discontinue, au cours de moments particuliers, qui sont ceux de l'amour naissant et de l'amour passionné exclusif. *La sexualité ordinaire*, qui s'apparente à la faim et à la soif, nous accompagne lorsque notre vie se déroule uniforme, tel le temps linéaire de l'horloge.

La sexualité extraordinaire se manifeste, au contraire, lorsque l'élan vital recherche des voies nouvelles et différentes. La sexualité devient alors le moyen grâce auquel la vie explore les frontières du possible, horizons de l'imaginaire et de la nature. C'est l'état naissant. Cette sexualité est liée à l'intelligence, à la fantaisie, à l'enthousiasme, à la passion, elle est inséparable d'eux. Sa nature est de bouleverser, de transformer, de rompre les liens précédents. L'éros est une force révolutionnaire même si elle se limite à deux personnes. Et dans la vie, on fait peu de révolutions. Aussi ne peut-on recourir, à notre gré, à la sexualité extraordinaire. Elle marque les tournants importants de notre vie ou nos tentatives de tournant ; elle comporte donc des risques. Elle est pour nous un désir perpétuel et une source de perpétuelle nostalgie, et pourtant nous la craignons. Pour nous en défendre, nous utilisons le même mot pour désigner l'éros et la sexualité quotidienne, c'est-à-dire la faim et la soif du sexe, celui sur lequel les sondages démoscopiques opèrent et découvrent toujours les mêmes choses. Des choses que nous connaissons déjà, mais qui nous rassurent car elles nous révèlent que les autres vivent la même « misère sexuelle », notre grisaille quotidienne.

Mais les sondages servent aussi à nous tromper. Ils nous trompent en nous faisant croire que nous pouvons être plus heureux si nous passons, par exemple, de quatre à dix rapports sexuels, en les prolongeant si possible et, ce qui est encore plus excitant, en variant les partenaires. Ils nous trompent car, lorsque nous sommes plongés dans la sexualité ordinaire, le fait d'avoir des rapports avec la même personne ou avec quatre-vingt-dix-huit autres différentes ne change rien. Ceux qui l'ont essayé le savent, parce qu'ils l'ont expérimenté juste au moment où ils voulaient remplacer l'unique personne qui, seule, aurait pu leur apporter la plénitude et la paix, au cours de ces intervalles de temps qui, du point de vue subjectif, sont des instants d'éternité. Nous qui avons l'habitude de mesurer toute chose à l'horloge précise du temps, nous oublions que dans la sexualité extraordinaire qui accompagne l'amour, le temps diffère.

Pour indiquer les deux formes de vie heureuse, le bouddhisme japonais emploie les expressions *nin* et *ten*.

Le *nin* représente la paix et la tranquillité quotidiennes, le *ten* le moment extraordinaire de l'émotion et de l'amour. Le *nin* est donc déjà la joie et un jour de *nin* correspond à une année d'un monde tourmenté. Mais un jour de *ten* correspond à mille, à dix mille années de temps. Dans l'état naissant, le présent devient éternel. Quand nous perdons notre amour, l'attente d'une heure devient l'attente d'années ou de siècles, et la nostalgie de cet instant d'éternité nous accompagne toujours.

3.

Dès qu'il tombe amoureux, l'être le plus simple et le plus démuni est obligé, pour s'exprimer, d'utiliser un langage poétique, sacré, mythique. On peut en rire, mais c'est ainsi. Car le sacré et le mythe naissent eux aussi de l'expérience extraordinaire commune aux différents mouvements, c'est-à-dire, l'état naissant. Les psaumes de David, la poésie mystique de Rumi ou de Dante, celle de Neruda ou de Quasimodo[1] s'adressent à des objets d'amour différents. Chez Rumi Dieu, chez Dante une transfiguration mystique de la femme, chez Neruda et Quasimodo la patrie, la fraternité, l'amitié. Mais le ton, l'espoir, le sentiment du destin, les mœurs sont les mêmes.

Plus encore : la déclaration des droits de l'homme des *levellers*[2] pourrait être proclamée sans en modifier un mot par des gens qui s'aiment et que l'on empêche de s'aimer. On retrouve donc le langage universel du désir pour quelque chose

1. Salvatore Quasimodo (1901-1968), poète italien de l'école hermétiste. Prix Nobel de littérature 1959.
2. Groupe de radicaux constitué pendant la guerre civile anglaise qui prônait l'égalité devant la loi et la tolérance religieuse *(N.d.T.)*.

qu'on souhaite plus que tout autre ; le langage universel de la libération et du droit ; le langage de la vie triomphante qui devient éthique. Ce qui se produit dans tous les mouvements collectifs, de même que dans l'amour naissant, se constitue en opposition aux intérêts et aux institutions traditionnelles ; pour le faire, pour avoir le « droit » de le faire, il doit accéder à un niveau égal de valeurs. L'amour à l'état naissant ébranle les institutions dans leurs fondements. Sa nature réside justement dans le fait de n'être ni un désir, ni un caprice personnel, mais un mouvement porteur d'un projet et créateur d'institutions.

Tous les mouvements collectifs séparent ce qui était uni et unissent ce qui était séparé (toujours par la tradition, par les coutumes, par les institutions). Le christianisme des origines détache les Juifs de leur religion nationale, les citoyens romains du culte de l'empereur et unit les Hébreux aux Gentils. L'islam écarte les Égyptiens du culte de leur roi, les Persans de Zoroastre, et établit des liens nouveaux entre les Arabes, les Persans et les Égyptiens.

L'amour, quand il se manifeste dans l'histoire de l'Occident, apparaît également comme une déchirure, une séparation. Toutes les sociétés archaïques tribales, mais aussi les sociétés agricoles et féodales, étaient fondées sur la structure de parenté. Lévi-Strauss a démontré que le système de parenté est un système de différences et d'échanges. Une tribu, une fratrie, un clan, cède une de ses femmes à un autre clan et reçoit en échange une autre femme. Le couple est l'événement qui naît de ces rapports structuraux. Le choix de l'épouse est une transaction qui s'effectue entre deux clans, en général, directement. Quelquefois, ce sont les individus eux-mêmes qui choisissent mais, alors, exclusivement à l'intérieur d'un certain clan. Dans le système féodal : parmi les familles féodales et parmi certaines familles seulement. Avec le déclin de la féodalité et le développement de la bourgeoisie, il devient possible d'accumuler les richesses, donc d'acquérir du pouvoir ; et avec le développement de la culture, du prestige. Ces liens rigides se relâchent et d'autres voies peuvent être alors explorées.

Bien sûr, les règles du système de parenté existent encore ; les enfreindre, c'est les transgresser et s'exposer à un châtiment. Mais alors qu'autrefois il était impossible d'imaginer de sortir du système de parenté, aujourd'hui, cela est envisageable.

Les conditions préalables aux mouvements collectifs sont toujours les mêmes : d'un côté s'érige un système de règles, d'institutions qui perdurent, alors que les transformations sociales ont ouvert une brèche et que sont nés de nouvelles classes, de nouveaux pouvoirs, de nouvelles possibilités.

Ceci vaut également pour l'amour naissant. Dans la société féodale, où la structure des liens de parenté existait encore mais où, entre-temps, une nouvelle bourgeoisie et une nouvelle classe d'intellectuels étaient nées, l'amour jaillit comme une étincelle entre deux individus qui appartiennent à deux systèmes distincts et sans intercommunication possible. Ils se cherchent et s'unissent, transgressant les règles d'endogamie du système de parenté ou de classe. C'est le cas d'Héloïse et d'Abélard. Leur amour est une transgression qui s'affirme comme exemplaire et s'impose comme un Droit.

La passion d'Héloïse et d'Abélard est de nature érotico-sexuelle, pourtant ce qui transforme cette passion en amour n'est point qu'elle soit sexuelle, mais que le sexe, l'amour, la passion, le plaisir qui en sont l'essence, se présentent et s'affirment comme un droit à établir des relations contraires aux règles de parenté et de classe. Héloïse et Abélard étaient mariés, mais c'est leur passion amoureuse qui légitime leur mariage. Quelques siècles plus tard, lorsque Shakespeare décrira l'amour de Roméo et Juliette, il mettra en scène une situation analogue : deux familles ennemies entre lesquelles le mariage est interdit. Ici encore, l'amour se présente comme une transgression. Il sépare ce qui était uni (Juliette de sa famille, Roméo de la sienne) et unit ce qui était séparé (deux ennemis).

Il n'existe pas de mouvement collectif qui ne parte d'une différence, il n'existe pas de passion amoureuse sans la transgression d'un interdit. Non pas une différence et une transgression déterminées mais n'importe laquelle. Ce qui sépare et ce qui est transgressé diffère chaque fois. Il peut s'agir tout simplement d'un garçon émotionnellement attaché à sa mère (ou à son père) comme il arrive de nos jours ; la transgression est alors tout intérieure : c'est la rupture de l'adolescent avec la famille qui fut celle de son enfance. Pendant des siècles et des siècles, l'amour à l'état naissant a entraîné la rupture du couple conjugal : l'adultère. Mais l'adultère n'est que le cas particulier d'une règle générale : l'amour ne se manifeste que s'il sépare ce qui était uni et que s'il unit ce qui devait être séparé. Selon le structuralisme de Lévi-Strauss, s'instaure un autre système de différences et d'échanges. Nous pouvons ainsi mieux comprendre les limites de ce qu'écrivait Denis de Rougemont[1]. Selon lui, l'amour se présente toujours en Occident comme un amour défendu, contrarié. En réalité, ces obstacles sont voulus, désirés. Il affirme que les amants ne s'aiment pas vraiment, qu'ils trouvent leur plaisir dans la séparation, qu'ils ne sont heureux que s'ils se consument pour l'impossible. Il est vrai que dans la littérature l'amour est entravé ou irréalisable (Dante, Pétrarque, Shakespeare, Goethe, etc.) mais la raison en est peut-être celle-ci : s'il n'y a pas d'obstacle, il n'y a pas non plus de mouvement, personne ne peut donc tomber amoureux. En d'autres termes sans la différence, sans l'obstacle, il n'est nullement nécessaire d'établir un autre système de différences et d'échanges, c'est-à-dire de fonder une autre institution. Dans la fiction littéraire, l'obstacle est un artifice destiné à construire une histoire d'amour qui ait un sens. Pour représenter cette situation l'art crée ainsi des obstacles imaginaires ; les familles ennemies de Shakespeare, le mariage d'Yseult, la naissance d'un enfant dans « Les affinités électives » de Goethe, la mort de Béatrice chez Dante, etc. On verra par la suite que cette fiction artistique sert à introduire un autre élément caractéristique des mouvements collectifs et donc de l'amour naissant — le dilemme — et, encore plus profondément, à introduire le problème de perpétuer l'état naissant. Mais à ce point de notre exposé, nous pouvons nous contenter de ces prémisses. Ce qui compte, en conclusion, n'est pas tel genre particulier d'obstacle, mais l'existence d'un obstacle. S'il résidait autrefois dans la struc-

1. Denis de Rougemont, *L'Amour et l'Occident*, Plon, 1939.

ture de parenté, par la suite il résidera dans un premier mariage, dans une foi politique, dans une diversité culturelle ou linguistique, ou dans une différence d'âge, ou même dans une déviation sexuelle, comme dans le cas de l'amour homosexuel. La passion amoureuse entraîne toujours la construction de quelque chose de nouveau à partir de deux structures distinctes.

Faisons maintenant un pas en arrière. Avant qu'il ne tombât amoureux, quelle relation l'individu entretenait-il avec sa famille, sa classe, son église, son conjoint, son groupe ethnique ou linguistique, c'est-à-dire ceux avec qui sa passion amoureuse va l'obliger à rompre ? On peut supposer qu'il y ait dans un premier temps une relation agréable ou du moins acceptable, jugée normale, légitime. Il est vrai que, dans tous les rapports humains, quel que soit leur genre, il y a toujours une frange plus ou moins grande d'insatisfaction, de déception ; il existe toujours une ambivalence. Dans sa famille, l'enfant aime son père et sa mère, il aime ses frères et il aime aussi sa famille comme une unité. La famille est un objet collectif d'amour mais aussi un lieu de tensions et de frustrations, de ressentiments et d'agressivité. Objet d'amour en même temps que d'agressivité, donc ambivalent. Freud a fondé sa psychologie sur l'ambivalence ; le complexe d'Œdipe est la manifestation de l'ambivalence envers le père et la mère, aimés certes, mais aussi haïs. Cette rancune et cette haine ne se manifestent pas ouvertement. Même s'il y a ambivalence, l'image du père, de la mère, de la famille restent positive. Car il y a en nous le désir (il faudrait dire, peut-être, la nécessité) de conserver, le plus longtemps possible, notre objet d'amour pur, sans tache (non ambivalent). L'image que l'enfant se fait de sa mère, de son père, l'image que l'adulte se fait de son église, de son parti, est une image parfaite. Et il fait l'impossible pour qu'elle reste parfaite à ses propres yeux. Pour y réussir, il apprend d'un côté à refouler son agressivité, à la transformer en un sentiment de culpabilité (c'est un processus de dépression), et de l'autre côté, à justifier l'imperfection qu'il voit en l'attribuant à une personne ennemie. Papa est coléreux parce qu'il travaille beaucoup, la patrie ou le parti ou l'église sont imparfaits parce qu'il existe à l'extérieur ou à l'intérieur des ennemis, des gens méchants (c'est un processus de persécution). Grâce à cette élaboration, l'objet d'amour garde le plus possible les caractères d'un objet d'amour idéal. C'est cet état que l'on considère normal.

Mais lorsque les choses qui nous entourent changent, quand nous-mêmes nous changeons (par exemple au cours de l'adolescence), quand nous rencontrons d'autres possibilités, d'autres réalités, quand nos rapports avec nos objets d'amour se détériorent, il nous devient alors de plus en plus difficile de garder cette image idéale tout au long de la dépression et de la projection. Dans toutes les périodes historiques qui précèdent un mouvement collectif, dans toutes les histoires personnelles qui précèdent un amour, il y a toujours une longue élaboration due à une lente mutation, à une lente dégradation des rapports avec ce que l'on aimait. Pendant cette période, les deux vieux mécanismes, celui de la dépression et celui de la persécution, continuent à fonctionner : nous protégeons notre idéal de toutes nos forces, en refoulant le problème. La conséquence c'est que le mouvement collectif (l'amour à l'état naissant) frappe toujours à l'improviste. Elle était si gentille, si affectueuse, dit le mari (ou la femme) abandonné, elle était si heureuse avec moi. En réalité, elle cherche déjà une alternative, mais elle la repoussait obsessionnellement. Elle se forçait, consciemment, à continuer d'aimer son mari, elle faisait tous ses efforts pour continuer à le juger parfait, aimable. Mais pour y réussir, elle devenait en même temps plus déprimée et plus taciturne. Elle devait refouler une charge d'agressivité de plus en plus grande, et ressentir, de plus en plus, une impression de sacrifice constant et croissant. L'idéal — le dieu — n'est capable de vivre que s'il est alimenté par des sacrifices de plus en plus importants. Au début, pour poursuivre cette métaphore, l'idéal n'exigeait que les prémices, ensuite la récolte, puis les semences, et à la fin l'autodestruction. La *surcharge dépressive* précède tous les mouvements collectifs tout comme elle précède l'amour naissant. Face à l'autodestruction, même la peur s'atténue et tout ce que l'on avait vécu comme une séduction à fuir apparaît sous un jour différent. Ces tentations n'auraient-elles pas aussi une vie ? Leur diversité serait-elle aussi malfaisante qu'on le prétend ? Le processus s'achemine jusqu'au *seuil* au-delà duquel l'éros déborde de ses structures et envahit les territoires interdits ; à son tour la violence, trop longtemps refoulée, déborde, irrésistible, et s'infiltre dans les lois qui l'emprisonnaient pour les détruire : c'est l'état naissant.

Alors, les deux forces se libèrent. L'une, l'éros, s'empare violemment des nouveaux objets, les serre de toute sa force et les transforme immédiatement en idéaux ; l'autre, la violence, rompt avec les contraintes subies et acceptées. C'est une expérience de libération, de plénitude de vie, de bonheur. Les frontières du possible s'ouvrent et apparaît alors l'objet pur de l'éros, l'objet non ambivalent, dans lequel le devoir et le plaisir coïncident, tandis que disparaît toute aliénation.

4.

L'amour naissant sépare ce qui était uni et unit ce qui était séparé ; mais l'union se fait d'une façon particulière, car elle se présente comme une alternative structurale à une relation structurée. La nouvelle structure défie la structure ancienne jusque dans ses racines, la réduit à une chose dépourvue de toute valeur. Parallèlement, elle édifie la nouvelle communauté sur une valeur absolue, un droit absolu, et réorganise tout le reste autour de ce droit. Cette nouvelle organisation ne se produit pas immédiatement mais au cours d'un processus. Ce qui se manifeste à l'instant même, c'est l'*objet pur de l'éros*. Cet objet nous apparaît comme une révélation.

Mais l'amour naissant n'est pas cet instant, c'est un processus où l'objet pur de l'éros, apparu subitement, disparaît, puis réapparaît, disparaît encore, apparaît à nouveau, plus riche, plus concret, et s'impose. Quand on tombe amoureux, on continue longtemps à se répéter à soi-même qu'on ne l'est pas. Passé le moment au cours duquel l'événement extraordinaire s'est révélé, on retombe dans le quotidien et l'on croit qu'il s'est agi de quelque chose d'éphémère. Mais, à notre grand étonnement, cet événement surgit à nouveau dans notre esprit, crée un désir, un tourment qui ne s'apaise que lorsque nous entendons une certaine voix ou revoyons une certaine personne. Puis, ce souvenir disparaît encore ; nous estimons qu'il s'agissait d'un engouement passager et sans aucune importance pour nous. Et c'est peut-être vrai, car il est impossible, au début, de savoir s'il s'agit vraiment d'un amour naissant, c'est-à-dire d'une restructuration radicale du monde social dans lequel nous sommes intégrés et qui fait partie intégrante de nous-mêmes. Pourtant, si ce désir réapparaît, s'il réapparaît encore *et s'impose à nous*, alors nous sommes tombés amoureux.

L'amour naissant est un processus où l'autre personne, celle que nous avons rencontrée et qui nous a répondu, s'impose à nous comme l'objet total du désir. Cela nous oblige à tout réorganiser, tout repenser et, en premier lieu, notre passé. En réalité on ne repense pas, on recrée. C'est en effet un *renouveau*. L'amour naissant (celui de la passion ou des autres mouvements collectifs) possède la propriété extraordinaire de reconstruire le passé. Dans la vie quotidienne, nous n'avons pas cette possibilité. Notre passé existe avec ses déceptions, ses regrets, ses amertumes. Lorsque le souvenir nous renvoie au passé, nous essayons de soigner des blessures restées ouvertes. Pourquoi ne m'a-t-on pas donné ce dont j'avais besoin ? Pourquoi tant de fatigue, de souffrance et tant d'ingratitude ? Celui que j'ai aimé, pourquoi ne m'a-t-il pas aimé ? Pourquoi ai-je dû réagir avec rancune, avec haine, pour le chasser de mon esprit ? Notre passé pèse sur notre conscience. Nous nous en défendons par l'oubli, la distraction, le refoulement qui l'enfouit dans l'inconscient. Mais, comme le disait Freud, l'inconscient est immortel. Nietzsche attribue l'infélicité humaine à l'esprit de vengeance et la vengeance n'est que le produit de la haine de son propre passé, de ce passé, que l'on ne peut modifier. « Que le temps puisse marcher à reculons, c'est là son obsession, dit Zarathoustra, "ce qui fut" désigne la grosse pierre que la volonté ne peut pas déplacer. » Mais c'est justement cette libération que Zarathoustra annonce à travers le surhomme. « Racheter ceux qui sont passés et transformer "ce qui fut" en ce que je voulus qu'il fût, cela seulement peut être pour moi la rédemption ! » Ce que Nietzsche promet avec le surhomme correspond, exactement à ce qui se produit dans l'état naissant : c'est la ré-interprétation du passé — l'historisation. Ceux qui tombent amoureux (et souvent tous les deux en même temps) revivent leur passé et s'aperçoivent que les événements qui le composent se sont produits d'une certaine manière, car à un certain moment, ils ont effectué des choix, des choix qu'ils ont voulus et dont ils ne veulent plus aujourd'hui. On ne cache pas, on ne nie plus son passé, mais on le dévalorise. J'ai certainement aimé et puis détesté mon mari, mais je ne le déteste plus ; je me suis trompée mais je peux changer.

Le passé devient *préhistoire* et la vraie histoire commence alors. C'est ainsi que le ressentiment, la rancune, le désir de vengeance s'apaisent ; on ne peut haïr ce qui est dépourvu de valeur, ce qui ne compte pas. Cette expérience suscite souvent, chez les amoureux, de l'angoisse et du souci. L'être aimé parle devant moi de son passé, de ses amours, de la personne avec laquelle il est marié ou avec laquelle il vit. Il en parle d'abord avec rancœur, en explosant, et puis, petit à petit, presque avec tendresse. « Il a été méchant avec moi, dit-elle, mais il m'aime et j'ai de l'affection pour lui, je ne veux pas le faire souffrir, je voudrais qu'il soit heureux. » Ces mots indiquent qu'un détachement s'est accompli, qu'il n'y a plus ni tension, ni peur, ni vengeance. Mais on peut les interpréter comme un prolongement de l'amour et parfois en ressentir de la jalousie. Si cela ne fait pas surgir d'obstacles, l'être aimé peut continuer à vivre près de son mari (ou de sa femme), sans lui témoigner de rancune, plutôt de l'affection. Son passé a acquis une autre signification à la lumière de son nouvel amour. L'être aimé peut garder de la tendresse pour son mari ou pour sa femme, justement parce qu'il est amoureux. La joie de ce nouvel amour le rend aimable, tendre, bon. En général, c'est l'autre qui n'accepte pas cet état de choses, qui n'y croit pas, qui désire l'être aimé tout entier pour lui. Et comme chacun des deux exige cette exclusivité et cette certitude, les amoureux en viennent souvent à briser plus de choses que chacun d'entre eux ne l'aurait voulu.

La joie d'un nouvel amour engendre également une autre illusion. Elle amène les amants à croire que ceux qu'ils laissent derrière eux accepteront leur nouvel amour dans la paix et la sérénité. Celui qui aime n'est plus capable de haïr ni de souffrir. « Restons amis », dit-il, et il est sincère. Il voudrait même raconter tout ce qui touche à son nouvel amour, tant le passé s'est éloigné, tant le ressentiment s'est évanoui. La *nouvelle communauté* qu'il est en train de réaliser peut accepter les vieilles choses, les vieilles amitiés, les vieux rapports en les transformant. Il y a des êtres qui, avant qu'ils ne tombent amoureux, ne pouvaient plus tolérer leurs propres parents ni leurs propres enfants. Une fois amoureux, ils se découvrent une tendresse profonde pour eux, leur amour heureux les leur fait redécouvrir. Depuis qu'ils n'ont plus de rancune, qu'ils sont quittes envers leur passé, ils croient qu'il en est de même pour les autres. Mais il n'en est pas ainsi, jamais. Même si les rapports s'étaient détériorés ou envenimés, même s'ils n'étaient faits que de haine, l'amour naissant a pour effet de provoquer chez la personne abandonnée un désir terrible : elle devient comme amoureuse de quelqu'un qui, désormais, n'a plus besoin d'elle, qui ne souffre plus par elle. Tout ce qui dans la banalité de la vie quotidienne ne l'intéressait plus redevient essentiel. Ce n'est compréhensible que si l'on considère que nous vivons à l'intérieur d'institutions, de structures sociales, que nous en sommes pénétrés. La perte du partenaire coïncide avec la perte de tout ce que l'on est, la perte de ses propres valeurs, de l'image de soi-même, de sa propre estime. Celui qui est amoureux ne se rend pas compte de la terrible offense qu'il commet et qui ne peut lui être pardonnée. Aussi rencontre-t-il le refus, le désespoir, le cri, là où il attendait la compréhension. Son amour a fait surgir un univers de bonté, où la vie est une force heureuse, où les couleurs sont vivantes, où tout est beau.

Quand l'éros a trouvé son objet, il repousse dans le fond, comme une ombre, ce qui est négatif, ce qui n'existe pas. Dès les origines de la philosophie grecque, Parménide avait énoncé un principe qui constitue une expérience fondamentale de l'état naissant : « L'être est, le non-être n'est pas. » Mais le monde extérieur, les structures sociales ébranlées par le mouvement collectif réagissent : ils refusent et rejettent ce qui pour eux est une perte, une privation d'existence (c'est là la *réaction* qui accompagne toujours ces mouvements). Le père déçu éclate en cris ou se referme dans le mutisme. Le mari qui avait l'habitude de tromper sa femme découvre la valeur de la fidélité. L'épouse abêtie, négligée, tâche désespérément, en se faisant belle, en cherchant de nouveaux intérêts, de reconquérir son mari. Même ceux qui avaient fondé leurs rapports conjugaux sur la tolérance sexuelle, confrontés à l'amour naissant se raidissent et le vivent comme une offense mortelle. Ils le contrarient, refusent leur consentement, créent des problèmes insolubles. Le mari, acculé, dit : « D'accord, va-t'en, mais les enfants resteront, les enfants resteront avec moi. » L'épouse dira : « D'accord, tu peux t'en aller avec elle, mais ne crois pas que j'accepte ; tu recueilleras mon cadavre. » Ainsi, tout ce qui n'était que joie, ces personnes, cet homme ou cette femme, ces enfants, que valorisait un amour naissant, contredisent l'image radieuse d'un univers qui dit oui, parce qu'ils répondent non et imposent un choix. Choisis : ou lui ou les enfants, ou elle ou ma mort. Mais l'amour n'est pas né pour que l'on perde ses enfants, il n'est pas né pour que l'on tue quelqu'un, il n'est pas né pour que l'on fasse souffrir quelqu'un. L'amour est l'établissement d'une nouvelle communauté, d'une nouvelle et heureuse vie en commun où, par la grâce de l'innocence de son projet, tous devraient se reconnaître. La réaction contredit cet espoir d'harmonie et demande un choix : ou l'autre ou moi. L'histoire d'un amour deviendra l'histoire du refus de choisir et de l'apprentissage du choix.

Dans l'état naissant, l'exigence du choix revêt les caractéristiques du dilemme. C'est comme si l'on demandait à une mère, à qui on a enlevé deux enfants, de choisir lequel d'entre eux devra être tué. Il n'y a pas de solution. L'état naissant est toujours confronté au dilemme, tous les mouvements collectifs sont confrontés au dilemme, chaque amour naissant est confronté au *dilemme*.

Là encore, comme nous l'avons déjà dit à propos de la transgression, peu importe quelle sorte de dilemme se manifeste. J'ai pris deux exemples parmi les nombreux possibles, mais il n'existe aucun cas où le dilemme ne se pose. Quand nous lisons dans les contes de fées : « Ils vécurent longtemps et furent très heureux », le silence qui s'ensuit n'indique pas seulement le retour au quotidien, la fin de la tension et, par conséquent, du pathos. Ce silence supprime aussi l'apparition du dilemme. A la différence des contes de fées, l'art représente le dilemme par la fiction de l'obstacle insurmontable qui rend l'amour impossible. L'obstacle qui obstrue sans cesse le chemin de l'amour est le signifiant du dilemme. Tristan est déchiré entre l'attachement pour son roi et son amour pour Yseult, Yseult entre son attachement pour le roi et son amour pour Tristan. Juliette et Roméo veulent chacun briser les lois inexorables de la parenté et de la haine, mais aucun d'eux ne hait sa famille.

L'amour tend à établir une séparation entre la loi et l'individu ; il veut instaurer d'autres lois, d'autres normes ; il ne veut pas supprimer les êtres, il veut les aimer. Mais les lois font entendre leur voix à travers des personnes, incarnant les anciennes lois et s'opposant au droit nouveau. On ne peut briser les lois sans piétiner les personnages qui les incarnent, voilà le dilemme. Il se manifeste toujours et contraint l'état amoureux à perdre son *innocence*. Ceux qui veulent libérer la sexualité, le désir et l'érotisme en abolissant le dilemme et en le réduisant à un simple produit de l'histoire, né de l'ignorance ou de la domination d'une classe ou d'une éducation répressive ou de n'importe quoi d'autre, se livrent à une lamentable mystification. Ils fabriquent une idéologie consolatrice, à l'exemple de ceux qui chantent les louanges de la révolution et l'imaginent telle une fête grandiose de l'amitié et de l'amour. C'est la lune de miel de la révolution. Mais ensuite, le mouvement révolutionnaire rencontre des obstacles internes et externes, il est contraint de choisir. On doit alors souhaiter qu'il ne provoque pas de carnage, de bain de sang, d'horribles atrocités, qu'il ne renouvelle pas les actes de barbarie de Hitler, de Staline, de Pol Pot. Ignorer que l'innocence enthousiaste est toujours confrontée à cette évolution — quasi inévitable — conduit à la violence et à l'irrationnel. La manière d'aborder, de résoudre sinon d'éluder ce dilemme est au contraire la véritable histoire de l'amour naissant et de son devenir : projet et institution.

5.

L'état naissant révèle l'être qui dit « oui ». Rien ne justifie, rien ne garantit qu'il réponde oui et pourtant il prononce ce mot.

Celui qui tombe amoureux a déjà, dans le passé, tenté à maintes et maintes reprises de se donner à l'autre. Mais il n'était pas prêt alors pour ce genre d'expérience ou il n'avait pas trouvé de réponse à sa demande. Si même il en avait trouvé une, il n'était pas sûr qu'elle fût totalement vraie. Il doutait de ses propres sentiments et encore plus de ceux de l'autre. Quand on tombe amoureux, on s'ouvre à une existence différente et rien n'assure qu'elle soit possible. Un chant s'élève très haut mais il n'est pas certain de trouver un écho. Son ampleur est désespérément humaine parce qu'il offre des instants de félicité et d'éternité dont on garde la nostalgie poignante, mais il n'apporte aucune certitude. Mais quand elle vient enfin, la réponse de l'être aimé apparaît comme un don immérité, merveilleux, qu'on n'aurait jamais pensé recevoir. Un don tout entier offert par l'autre, l'être aimé, un don délibéré. Pour le désigner, les théologiens ont forgé un mot : *la grâce*. Lorsqu'on entend l'être aimé dire :

« Je t'aime », lorsqu'on le voit s'abandonner à l'amour, alors on connaît le bonheur et le temps cesse d'exister. Ce moment devient éternel. On ne l'oubliera jamais, on ne pourra jamais plus l'oublier. Si l'amant sent que son amour est partagé, il lui suffira de s'en souvenir pour supporter n'importe quelle difficulté, n'importe quelle douleur. Son amour sera son refuge et la source de tous ses désirs. Si un jour, par contre, l'autre cesse de l'aimer et le quitte, ce souvenir, justement parce qu'il est immortel, sera la source de son malheur ; tout le reste lui paraîtra le néant comparé à ce qu'il vient de perdre. Il en sera ainsi jusqu'à ce qu'un nouvel état naissant recrée le passé.

Nous connaissons le risque terrible que nous courons, mais dès qu'on tombe amoureux, on accepte de le prendre. Après s'y être opposé de toutes ses forces, après l'avoir refusé plusieurs fois. L'amour naissant — on l'a déjà dit — est quelque chose qui se manifeste et s'impose à nous.

D'abord, nous répondons non car nous savons tout ce qu'implique le oui, nous savons que cette porte qui s'ouvre sur l'être est peut-être celle qui mène au désespoir. Nous refusons, nous affirmons nous trouver devant une illusion ; mais ensuite, la conscience redevient limpide comme un miroir : d'un côté s'étend le bien, de l'autre, le vide de la vie quotidienne. La conscience découvre qu'elle ne peut choisir ce qui est sans valeur, ce qui n'est pas le bien. Elle comprend qu'elle ne peut vouloir que le bien, que la vie empirique ne vaut rien comparée à la manifestation du bien, au bien en soi. Désirer ce bien absolu abolit toute peur du futur. Chaque rencontre avec l'aimé pourrait être la dernière. Nous n'avons qu'un désir, nous trouver près de lui, ne fût-ce que pour un ultime moment. L'amour qui a trouvé son objet s'inscrit dans l'*instant présent*, cet instant qui vaut tout notre passé et le monde tout entier. Voilà pourquoi résonne toujours dans l'amour, à côté du bonheur, une note de tristesse : quand nous « suspendons » le temps nous savons qu'en même temps nous sacrifions toutes nos certitudes et toutes nos ressources. « Suspendre » le temps c'est connaître le bonheur mais renoncer à diriger le cours des choses, à être son propre maître. C'est abdiquer tout pouvoir et perdre tout orgueil.

Le fait de se projeter dans l'existence et dans un futur incertain, le fait de « suspendre » le temps sont symbolisés dans l'art par la mort. Pour traduire les incertitudes, les doutes, le désir ardent qui assaillent un cœur amoureux, puis leur fin hors du passé et du futur, dans un présent éternel où tout désir est comblé, il n'est qu'un seul artifice : l'amour qui s'achève dans la mort. La mort symboliserait donc dans l'art cette abolition du temps qu'expérimente l'amant. Cette fiction fascinante évoque en nous la quête douloureuse de l'amour et fait revivre le désir, l'émotion poignante que suscite l'absence de l'être aimé jusqu'à ce que meure tout désir ; il ne reste plus que la paix de se fondre dans l'autre. En se tuant, Werther « arrête le temps » pour lui-même et pour Charlotte. La passion amoureuse, en tant que réalité existentielle, est faite d'instants d'éternité que pourtant elle transcende sans cesse. Si l'amour est réciproque, l'être aimé dit et redit oui. Le temps s'écoule toujours, le désir renaît et rencontre à nouveau son objet. L'amour naissant est rencontre, perte, nouvelle rencontre. Certes, rien n'assure la permanence de la réciprocité, mais c'est la grâce qui fait naître cette confiance. La nature même de l'amour naissant implique que l'on se fie à l'autre, que l'on s'en remette à lui, que l'on s'abandonne. Les amants ne sont pas jaloux. Bien sûr, on ne peut généraliser, les cas particuliers recouvrent toutes les nuances ; néanmoins, l'amour naissant a tendance à créer une certaine confiance. L'objet d'amour apparaît comme non ambivalent, c'est-à-dire bon. L'amoureux expérimente un état d'authenticité, de transparence, de vérité. Ceux qui s'aiment passent des heures entières à se raconter leur vie dans le détail, ils veulent que l'autre partage la totalité de leur être et donc de leur passé. Et l'amant, charmé, écoute ce récit, éprouve parfois un sentiment de jalousie à l'égard de ceux qui ont connu, avant lui, sa bien-aimée, parce qu'il lui semble avoir perdu des instants précieux de bonheur. Il s'en console. Dans l'état naissant joue une règle incompréhensible dans la vie quotidienne : le passé ne compte pas. A l'exemple de la parabole évangélique selon laquelle l'ouvrier de la onzième heure touche l'intégralité de son salaire au même titre que celui qui a travaillé la journée entière.

L'amour à l'état naissant tend à la *fusion*, mais à la fusion de deux personnes différentes. Pour que naisse l'amour, il faut qu'il y ait diversité et l'amour naissant est une volonté, une force pour surmonter cette diversité qui cependant existe et doit exister. La personne aimée intéresse parce qu'elle est différente, parce qu'elle est porteuse d'une spécificité propre et que l'on ne peut confondre avec aucune autre. Cette spécificité, cette *unicité* s'exaspèrent encore plus dans l'amour naissant. Nous voulons être aimés en tant qu'êtres uniques, extraordinaires, irremplaçables, absolument pour nous-mêmes. On ne peut atteindre cet objectif dans les organisations où nous sommes tous interchangeables et fongibles. On ne peut l'atteindre dans la vie quotidienne familiale où nous sommes uniques et irremplaçables mais pas extraordinaires, et si nous sommes uniques, nous ne le sommes pas exclusivement pour nous-mêmes en tant que finalité Au contraire, nous désirons nous sentir la fin ultime. Il ne nous suffit pas d'être adorés par quelqu'un de transparent, par quelqu'un de fongible. Nous voulons être vus comme uniques, extraordinaires, indispensables, par un être qui lui aussi est unique, extraordinaire et indispensable.

Voilà pourquoi l'amour naissant est, et ne peut être, que monogame. Nous exigeons l'exclusivité, nous exigeons que notre caractère extraordinaire soit reconnu par quelqu'un d'extraordinaire et nous nous abandonnons à lui parce qu'il est seul capable de nous donner le plaisir, la joie et la vie. Je suis donc l'absolument unique et lui, l'absolument unique, celui que rien ni personne ne pourrait remplacer. Chaque nuance et toutes les nuances de sa voix, de son corps, de ses gestes deviennent les signifiants de cette unicité. Cette nuance, ces nuances n'existent que chez lui, seulement chez lui, chez personne d'autre au monde. C'est un être extraordinairement unique et extraordinairement différent et le miracle de l'amour est que cet être, unique et totalement lui-même plus qu'aucun autre, réponde à notre demande. Nous, chacun de nous, sommes différents de tous les autres et nous le savons mais ce n'est que dans l'amour naissant que cette individualité irréductible est perçue et totalement appréciée. Cette appréciation de la spécificité et de l'unicité de l'autre est un signe certain et particulier de l'amour. Sentir que l'autre nous apprécie nous permet de nous apprécier nous-mêmes, de valoriser notre moi. C'est le mouvement de l'individuation.

Mais en même temps, l'amour naissant déclenche un autre mouvement, d'une certaine manière opposé au premier : celui de la fusion. La fusion tend à produire une convergence des deux volontés. L'amour partagé implique que les deux sujets veulent ensemble ce qui est important pour chacun d'entre eux. L'individuation différencie, met en valeur ces différences, les transforme en valeurs absolues, fait en sorte que les préférences de l'être aimé deviennent pour moi un modèle idéal et une loi ; *mes* préférences prennent à mes yeux une valeur exemplaire. La fusion pousse ces goûts différents à converger vers une volonté unique. Mais comme ces différences et ces préférences sont devenues importantes, elles tendent à prévaloir et finissent par entrer en collision.

L'amour est également une lutte. En amour, chacun essaie de valoriser ce qu'il y a de meilleur en lui, ce qui lui semble le plus original, le plus authentique, ce qu'il veut que l'autre apprécie. L'autre, au contraire, apprécie davantage un autre aspect de sa personnalité et le lui révèle. Puisque l'amour nous amène à adopter le point de vue de l'être aimé, nous sommes alors obligés de réviser l'image que nous avons de nous-mêmes. Le désir de plaire à l'être aimé nous oblige donc à nous modifier. Ainsi chacun impose-t-il à l'autre ses propres jugements et se transforme-t-il pour plaire à l'autre. Et tout cela sans contrainte, mais grâce à un décodage perpétuel, une perpétuelle découverte.

Toutes les attitudes de l'être aimé, ses gestes, ses regards deviennent autant de symboles à interpréter. Et nous aussi devenons une source permanente de symboles.

L'état naissant provoque une prolifération de signes. Dans ce processus où le passé et le présent sont impliqués, la nature l'est également. La pluie, le soleil, la forme d'un nuage s'enrichissent d'une plus-value, deviennent les signifiants de quelque chose d'étroitement lié à l'être aimé et à l'amour ; ils prennent un sens, ils indiquent une direction. Puisque existe un obstacle, puisque l'autre est différent, puisque la réponse n'est jamais absolument certaine ni, du moins, exactement proportionnelle à la demande, les faits, les choses, les combinaisons les plus fortuites se transforment en signes à interpréter, en invitations, en refus, en présages. Certains lieux, où un événement important s'est produit, deviennent sacrés.

L'amour élabore une géographie sacrée du monde. Cet endroit, cette maison, ce point de vue particulier sur la mer ou sur les montagnes, cet arbre, deviennent les symboles sacrés de l'être aimé ou de l'amour. Ils deviennent des lieux sacrés, des temples, car ils ont abrité un instant d'éternité de l'amour ou un présage. De même que l'on a sacralisé l'espace, on sacralise le temps. Si dans l'état naissant, le temps de la félicité est le présent éternel, la conjonction de ces instants d'éternité constitue une année liturgique jalonnée de fêtes sacrées. Ce sont des nœuds de signification et de valeur, des moments exemplaires, des moments de douleur, de bonheur ou tout simplement des moments significatifs pour l'autre et qui deviennent sacrés pour nous.

L'amour naissant, dans son déroulement,

engendre donc une sacralité objective. Un espace ponctué de points forts, un temps discontinu tissé de jours importants. Un temps sacré et un espace sacré comme dans les religions. L'amour naissant réintroduit la division entre le profane et le sacré et possède d'une manière très forte le sens du sacrilège. Des années ou des dizaines d'années après, alors qu'ils sont depuis longtemps séparés, les amoureux ne peuvent vivre certaines dates de l'année sans en être troublés, ne peuvent retourner en certains lieux sans être envahis par la nostalgie. Cet espace et ce temps sacrés sont immortels car ils sont devenus le lieu d'objectivation du présent éternel, du temps suspendu. Oubliés, ils survivent dans l'inconscient. Seul un autre état naissant pourra les gommer et créer un autre espace et un autre temps.

6.

La déception est une caractéristique de la vie
quotidienne. Nous avons toujours beaucoup de
choses à faire; un petit nombre d'entre elles nous
plaisent, la plus grande part nous est imposée par
les autres. Tout ce que les autres nous demandent
est urgent, mérite toujours la priorité; si on ne le
fait pas tout de suite, on nous accable de reproches,
on nous fait la tête, on nous punit. Nous ne sommes
pas le centre de l'ordre des choses, nous n'en
sommes pas le principe inspirateur; l'ordre des
choses résulte des pressions que l'on exerce sur
nous. Ce que nous désirons vraiment, nous ne le
réalisons jamais et, à un certain moment, nous
finissons même par ne plus savoir si nous le voulons
vraiment. Dans la vie quotidienne, notre désir se
révèle à nous sous la forme de rêves : « Ce serait
merveilleux si... » Mais il arrive toujours quelque
chose qui le contrarie. Notre partenaire a toujours
quelque chose d'autre à faire, ou bien il n'a pas
envie de faire ce dont nous avons envie ou bien
encore il en a envie quand nous, nous n'en avons
plus envie, ou encore il nous le demande au
moment le plus inopportun. Si nous refusons, si

nous lui demandons de patienter, notre partenaire se vexe et toute envie s'envole chez lui comme chez nous.

Tout cela constitue la déception : l'impression qu'il existe quelque chose de désirable mais qui toujours nous échappe car nous devons toujours faire quelque chose d'autre. Dans la vie quotidienne nous finissons par être dévorés par cette contrainte perpétuelle de faire quelque chose d'autre, pour quelqu'un d'autre ; notre vie se réduit à cela. Jamais nous ne nous sentons entièrement compris, jamais nous ne ressentons une satisfaction profonde, jamais nos désirs et ceux des autres ne coïncident complètement. Cet état semble toujours sur le point de s'achever, il semble impossible qu'il puisse continuer d'une manière si stupide et amère. Alors que cela dure des mois, des années ; des années sombres, où l'on attend on ne sait quoi, des années de déception continuelle ; des années sans histoire, sans vrai bonheur, pendant lesquelles on se « traîne ».

L'attraction profonde qu'exerce sur chacun de nous l'amour naissant est due au fait qu'il introduit dans cette nuit une lumière aveuglante et un danger total. L'amour naissant libère notre désir, le place au centre de toute chose. Nous désirons, nous voulons absolument quelque chose pour nous-mêmes. Faire quelque chose pour l'être aimé n'est pas faire quelque chose d'autre ni pour quelqu'un d'autre, c'est le faire pour *nous*-mêmes, pour notre bonheur. *Notre* vie entière s'oriente vers un point dont le prix est le bonheur. Nos désirs et ceux de l'être aimé coïncident. L'amour naissant nous transporte dans une sphère de vie supérieure où l'on gagne tout, où l'on perd tout. La vie quotidienne se caractérise par l'obligation de toujours faire quelque chose d'autre, de choisir parmi des choses qui intéressent d'autres personnes, d'opter pour une déception plus amère ou pour une déception plus légère. Dans l'amour naissant, on oscille entre le tout et le rien. Comme si, chaque jour, nous obtenions ce qui est impensable dans la vie quotidienne : un royaume, le pouvoir, le bonheur et la gloire. Mais on peut perdre ce royaume en une seule bataille. Et chaque jour nous devons livrer l'ultime bataille. Les deux pôles de la vie quotidienne sont la tranquillité et la déception ; ceux de l'amour naissant, l'extase et le tourment. La vie quotidienne est un éternel purgatoire. La vie amoureuse, un paradis ou un enfer ; nous sommes sauvés ou nous sommes damnés.

Je me rends compte que cette affirmation soulève deux types opposés d'objections. Voici la première : dans la vie quotidienne, il est vrai, s'accumulent ces incompréhensions et ces perpétuelles frustrations car les rapports sociaux n'ont pas été correctement établis. Si deux époux ont sans cesse l'impression de faire quelque chose qui ne les satisfait pas, s'ils estiment ne pas se comprendre profondément, leur état nécessite une thérapie familiale ou tout autre soin. Grâce à la thérapie (psychoanalytique, behavioriste, gestaltique, lacanienne, reichienne, catholique, bouddhiste ou marxiste) ces incompréhensions, ces conflits, disparaissent. Derrière cette attitude thérapeutique aujourd'hui extrêmement répandue, se cache la représentation de normes idéales totalement fondée sur l'imaginaire. Je ne veux pas nier la valeur des thérapies individuelles, sociales ou politiques ; elles servent à créer une situation de moindre souffrance, à améliorer les conditions sociales, à faire progresser la société ; mais elles ne modifient nullement la structure existentielle de la vie quotidienne. Deux époux qui ont suivi une psychanalyse s'entendront mieux, s'insulteront moins, mais ils ne feront pas, pour autant, l'expérience d'une continuelle plénitude de la vie.

La deuxième objection concerne la définition de l'amour naissant comme une tension entre l'extase et le tourment. L'amour vrai — dit-on — est un état de bonheur perpétuel, de compréhension perpétuelle, d'accord parfait, où les petites discordances sont naturellement surmontées. Sinon, l'amour n'est pas vrai. Le vrai amour, selon d'autres, se gagne petit à petit, à force de patience et de sagesse. C'est l'opinion d'Eric Fromm, par exemple, qui propose à tout le monde sa recette pour être heureux, « son art d'aimer ». En réalité, derrière ces affirmations, n'existent que le mythe du conte de fées : « Et ils vécurent heureux et tranquilles », l'illusion d'un quotidien, ou plutôt d'un perpétuel état de sérénité et de joie que personne n'a jamais vécu.

J'ai parlé de deux objections, en réalité elles ne font qu'une. Les thérapeutes de la famille, ou les thérapeutes de l'amour, ne pensent qu'à cette « vie heureuse et tranquille » des contes de fées, ils la promettent à droite et à gauche comme s'il s'agissait de la chose la plus facile à réaliser. Tous les psychologues, les sociologues, les assistants sociaux, certains groupes de thérapeutes, ne promettent après tout, qu'une seule chose : le bonheur parfait et perpétuel. Aussi ressemblent-ils aux médecins charlatans qui se déplaçaient d'un lieu à un autre, brandissant la bouteille de l'élixir de longue vie ou de jouvence éternelle. Mais si la jeunesse éternelle est biologiquement impossible, si elle constitue un non-sens biologique, on devrait en dire de même de ce bonheur et de cette tranquillité perpétuels contenus dans le leitmotiv : « Ils vécurent heureux et tranquilles. » C'est un non-sens sur le plan de l'expérience existentielle.

Il s'agit donc d'un mythe, d'un mythe extrêmement répandu et que nous tous renouvelons sans cesse sans même nous en apercevoir. Nous pouvons alors nous demander : comment ce mythe est-il né ? Nous avons décrit la vie quotidienne comme empreinte de tranquillité et de déception, l'amour naissant comme fait d'extase et de tourment. Chacun de ces deux ensembles dialectiques comporte un versant positif et un autre négatif. Le mythe se manifeste en prenant seulement le pôle positif, puis les deux pôles positifs ensemble (heureux et tranquilles) sans le pôle négatif (déception et tourment). Et l'on comprend également comment il a pu se produire. Le désir de bonheur, la félicité goûtée au moment où naît l'amour vivent toujours en nous sous forme de nostalgie. Plongés dans la vie quotidienne, dans l'univers de la déception, nous désirons une vie plus pleine et plus excitante, quelque chose qui soit vrai et authentique ; nous désirons le bonheur de l'état naissant et son extase. Nous nous souvenons qu'il est également lié au tourment, mais nous voulons l'oublier. Et nous imaginons pouvoir retrouver l'éternité de l'amour dans sa splendeur suprême et dans sa pureté.

Dans l'amour naissant, quand tout est en nous passion, bonheur mais aussi tourment, désir, douleur, nous voulons prolonger l'état heureux, nous souhaitons qu'il s'arrête, qu'il devienne sérénité, tranquillité, que tout ce qui l'accompagne toujours lui soit épargné. Certains ne supportent pas la tension de l'état amoureux ; ils voudraient la réduire tout de suite, la rendre immédiatement quotidienne, domestique, contrôlable. C'est ainsi que l'amour naissant engendre un désir de paix, de tranquillité, de sérénité.

En vérité, celui qui est absorbé par la vie quotidienne ne peut atteindre cette intensité spasmodique du désir et de la volonté que suscite le bonheur. Pour cela, il doit rompre avec sa vie quotidienne, franchir le fleuve interdit de la transgression. Et cette décision, il ne peut la prendre à son gré. L'amour naissant « apparaît » lorsque les conditions structurales sont lentement arrivées à maturation ; l'amour naissant est un « événement » qui s'impose à nous. De la même manière, lorsque nous sommes amoureux, nous ne pouvons atteindre ni garder l'état de tranquille sérénité. Notre amour n'est pas entre nos mains, il nous transcende, il nous entraîne et nous oblige à changer. Pour réussir à transformer cet état en une sérénité quotidienne, il faut le détruire. Et, je le répète, plusieurs personnes, des hommes et des femmes, ne trouvent la paix que lorsqu'ils ont transformé l'être resplendissant de leur amour en quelque chose de contrôlable, de circonscrit, de défini ; que lorsqu'ils l'ont transformé en un animal domestique. Le prix est la fin de l'état amoureux et la disparition de l'extase. Ne leur restent alors que la banalité quotidienne, la sérénité tranquille qu'interrompent sans cesse l'ennui, la rancœur, la « déception ».

Dans la vie quotidienne on désire donc l'extraordinaire et, dans les moments extraordinaires, le quotidien. Dans le quotidien, on désire l'extase, dans l'extraordinaire la tranquillité. Ces deux désirs, tous deux irréalisables, s'additionnent ensemble et constituent ce « Et ils vécurent heureux et tranquilles » qui a remplacé, aujourd'hui, le mythe de l'élixir de l'éternelle jouvence et celui de la pierre philosophale.

7.

Est-il possible d'aimer deux personnes à la fois ?
Certainement. D'en aimer une et de tomber amoureux d'une autre ? Certainement. D'être amoureux
de deux personnes ? Non. Chacun de nous aime
plusieurs personnes, nous aimons notre mère et
notre père, notre femme et nos enfants. Aucun de
ces amours n'exclut l'autre, aucun de ces amours
n'enlève quelque chose à un autre. De la même
façon, un homme peut aimer deux épouses et une
femme deux maris. Chacun peut, tout en aimant la
première personne, tomber amoureux d'une autre.
Nous pouvons même dire que c'est la règle. En
revanche, il est impossible de tomber amoureux de
deux personnes différentes. A première vue, cette
limitation paraît absurde. On entend toujours dire :
« Je suis amoureuse de tous les deux », ou bien « Je
ne sais pas de qui je suis le plus amoureux. » Ces
phrases se prononcent dans deux cas distincts. Le
premier que l'on peut appeler l'élaboration de
l'amour naissant. Comme nous l'avons déjà dit,
celui qui est sur le point de tomber amoureux
cherche quelqu'un qui lui réponde d'une certaine
façon et il a souvent l'impression de l'avoir trouvé.

C'est-à-dire que plusieurs fois, il commence à tomber amoureux. Et comme il lui arrive de rencontrer plusieurs personnes, il peut tomber amoureux plusieurs fois et ses passions s'imbriquent entre elles. Il peut donc dire : « Je suis amoureux de toutes les deux. » Cette imbrication est encore plus facile lorsque deux personnes différentes tombent, en même temps, amoureuses de lui. Puisqu'il est ouvert à l'amour, puisqu'il trouve une réponse positive chez les deux, se crée une réponse positive chez les deux, et un groupe formé de trois personnes. Supposons maintenant que les deux personnes qui l'aiment soient des amies intimes ou des sœurs. Ensemble, elles forment un groupe uni dont il est le centre. Des situations de ce genre sont beaucoup plus fréquentes qu'on ne le croit. Dans les mouvements collectifs, on trouve souvent des groupes de femmes qui adorent le même chef. Freud n'avait-il pas dit que la masse est formée d'individus qui s'identifient l'un à l'autre et qui, en même temps, s'identifient à leur chef ? A travers un développement apparemment continu, nous sommes passés de l'amour naissant entre deux personnes au groupe, du mouvement collectif à deux au mouvement collectif de groupe.

En réalité, le passage est discontinu. Examinons un groupe dont le chef, au centre, est adoré par ses femmes. Peut-on dire qu'il est amoureux de chacune d'entre elles ? Non. Chacune d'elles, comme chacun de ses disciples est remplaçable. Dans un mouvement collectif qui concerne un groupe, personne n'est indispensable, tous sont fongibles. Et cela s'applique également au groupe formé par trois personnes. Même avec trois personnes, si l'un s'en va, la collectivité continue à exister. Ce n'est que dans le cas du couple que la collectivité disparaît quand un seul décide de partir. Dans le couple seulement, l'individu, avec sa spécificité absolue et son unicité, est indispensable et ne peut être remplacé par aucun autre. Dans le couple seulement, l'individu est la condition objective de l'existence de la collectivité. Ce collectif se réalise à travers l'individuel et ne peut s'en passer. Le mouvement collectif à deux, l'amour naissant, possède donc quelque chose d'absolument spécifique, d'absolument différent des autres mouvements. Des expressions telles que « Je suis amoureuse de tous les deux » indiquent un état d'irrésolution, ou de transition qui peut conduire à une structure collective, à un état amoureux, ou à rien. Quant à la passion que l'on témoigne au chef, il peut s'agir d'une idéalisation à distance, mais aussi d'un amour unilatéral. De nombreuses personnes peuvent être réellement amoureuses d'un même être sans que celui-ci soit, en réalité, amoureux d'elles. Des chefs charismatiques suscitent des convergences de ce genre, comme d'ailleurs des actrices célèbres, ou tout simplement des femmes charmantes. C'est l'amour unilatéral.

Revenons maintenant au problème d'où nous sommes partis. Nous avons dit que nous pouvons en même temps aimer plusieurs personnes et tomber amoureux d'une autre. Dans ce cas, ce nouvel amour naissant constitue le point de départ d'une restructuration de nos sentiments. Les êtres que nous aimons sont des composants de nous-mêmes, de notre réalité globale, de cette individualité que nous voulons faire reconnaître et aimer dans l'amour naissant. C'est-à-dire que l'amour naissant survient toujours entre deux personnes qui ont une histoire personnelle, un système d'affections, de préférences.

L'état amoureux, parce qu'il franchit un obstacle, engendre toujours une restructuration des relations affectives. On abandonne, on considère comme dépourvue de valeur une chose auparavant essentielle; on garde, en revanche, quelque chose d'autre que l'on doit intégrer dans le nouvel amour. Par exemple : si deux personnes qui sont mariées et qui ont des enfants tombent amoureuses, chacune d'elles sépare, dans son système de relations affectives, son conjoint de ses enfants. On peut et on veut se passer de son conjoint, on veut, à son égard, changer complètement de type de comportement. Il n'en est pas ainsi à l'égard des enfants. Ils peuvent, eux, être intégrés dans le nouvel amour. Le conjoint cesse de faire partie du noyau qui constitue le moi et qui demande à être reconnu, les enfants y sont intégrés et continuent de l'être. Mais la rencontre peut survenir entre deux personnes isolées de leur environnement. Dans cette rencontre, les enfants sont absents. La rencontre s'établit au niveau de l'individu isolé. La demande et la réponse sont formulées avant l'entrée en scène des enfants. Chacun cherche l'amour pour lui-même, non pour ses enfants.

En se développant, l'amour naissant doit alors *intégrer dans ses relations les parties qui, dans un premier temps, en étaient exclues* et, donc, les enfants également. Pourtant, celui qui est amoureux reste amoureux de l'autre personne, et non pas de ses enfants. Ces enfants, on les aime parce que l'autre les aime, non pour eux-mêmes.

Il peut même arriver qu'ils constituent un obstacle, parfois insurmontable, au déroulement de l'amour. Parce qu'ils s'y opposent par exemple, ou bien parce qu'ils deviennent un instrument de pression ou de chantage de la part des deux familles, qui enferment le couple dans un dilemme. Dans tous les cas, l'amour est toujours la rencontre de deux individus isolés dont chacun porte en soi et avec soi un système de relations dont il veut conserver une partie et dont il veut restructurer l'autre. Quand on représente l'amour comme la rencontre de deux individualités isolées, sans contraintes, sans liens, qui cherchent la solitude absolue, on perpétue une mystification. Dans la réalité, ces êtres cherchent la rencontre absolue de leur individualité mais, en même temps, l'intégration de leur environnement le plus proche. Pas un élément ou l'autre, mais les deux à la fois. Le désir d'isolement total, continu, définitif, est l'expression d'un problème, la tentative de se soustraire au poids que l'environnement exerce sur l'amour naissant. Quand le poids de la réalité environnante devient très lourd, quand la difficulté d'intégrer cette partie de soi que représentent les relations affectives déjà existantes devient insoluble, l'amour naissant tend à se détacher du monde et à devenir un territoire libéré et libérateur ; un territoire où l'on trouve le refuge et la paix et d'où l'on peut repartir, à nouveau, pour affronter le monde. Si les deux amoureux se trouvent dans la même situation, le désir de fuir, de se soustraire complètement aux pressions, de fonder durablement une vie en commun pour reconquérir, par la suite, ce qu'ils avaient perdu, l'emporte sur le reste. Si, en revanche, le problème n'existe que pour un seul d'entre eux, ce sera à lui de concevoir cet amour comme un abri, comme un territoire libéré et libérateur où il pourra se soustraire aux pressions contingentes. Mais ce projet entre en conflit avec le désir qu'a l'autre de réaliser son amour dans le monde, d'une façon concrète, en y intégrant ce qu'on peut y intégrer et en écartant ce qu'il faut écarter. Pour l'un, l'amour devient un moment de pure évasion, de vacances en dehors du monde, un port, une île heureuse où aller et où se réfugier, un jardin de roses surgi au milieu du désert de l'existence. Pour l'autre, ce rêve est un renoncement parce qu'il veut, lui, transformer le monde en un jardin. Cet exemple montre comment l'amour à l'état naissant qui unit deux personnes crée deux projets différents de vie extraordinaire. Dans ce cas, des projets incompatibles, dont l'un doit être abandonné, ou tous les deux, et ainsi l'amour s'éteint-il, déchiré par la contradiction.

Nous avons dit que l'on peut aimer une personne et tomber amoureux d'une autre, mais qu'on ne peut pas être amoureux d'une personne et le devenir d'une autre. L'amour à l'état naissant est un processus de restructuration de tous les rapports qui se tissent autour d'un individu. Le nouvel état amoureux indique la direction absolue du mouvement qui l'anime. Il est impossible d'être amoureux de deux personnes parce que notre cœur ne peut se lancer de toute sa force vers deux objectifs absolus, mais distincts.

Qu'arrive-t-il alors quand deux amants ont un enfant? Examinons le cas où l'un des deux n'en désire pas; quand l'enfant naît, il vit l'amour que l'autre porte à cet enfant comme une véritable trahison, comme un abandon. Dans la légende islamo-perse, Iblis (Satan) se révolte contre Dieu parce que après avoir créé l'homme, il demande à l'archange de la lumière d'aimer l'homme. Mais

Iblis répond que cela lui est impossible, parce qu'il n'aime que lui, Dieu, et qu'il ne peut accepter que Dieu aime l'homme. Aussi, préfère-t-il encourir sa colère, le perdre, plutôt que le partager avec un autre. Examinons maintenant le cas où les deux amants désirent un enfant. L'enfant naît, désiré, et devient un nouveau pôle d'amour.

Même ainsi, l'amour naissant s'achève. Il est difficile de l'admettre. Pourtant, la vieille sagesse populaire veut qu'un enfant consolide l'amour, sauve un amour en danger. A un amour, oui, à l'amour naissant, non. En effet, l'enfant devient l'objet d'amour des deux amants. Ils tombent amoureux, en même temps, de lui. Leur rapport dépend désormais de l'existence d'une troisième personne, et non plus seulement de la leur. Les prétentions égoïstes et absolues de leur personnalité individuelle cèdent la place non pas aux prétentions elles aussi individualistes de l'autre personnalité individuelle, mais à celles d'une troisième. Personne n'est plus l'absolument essentiel de l'autre, personne n'est plus le dieu de l'autre. Tous deux tombent en adoration devant un dieu naissant extérieur à eux. Et si surgissent entre eux un désaccord, une inattention, chacun peut se réfugier dans l'amour de l'enfant. La mère surtout, qui l'a porté en elle, qui le nourrit, qui représente, au moins pendant les premiers mois, l'objet absolu de l'enfant. En réalité la naissance d'un enfant est presque toujours, pour la mère, un véritable amour à l'état naissant. Tout son intérêt, tous ses soins, toutes ses anxiétés se tournent vers l'enfant. La nouvelle exclusivité est incompatible avec l'ancienne. Avant que n'apparaisse le complexe d'Œdipe, ce qui domine la scène familiale est le complexe de Laïos, la jalousie du père envers l'enfant, ou, pour être plus exact, envers le couple mère-enfant, qui a pris la place, comme couple indissoluble, de celui que formaient les deux amants. La naissance de l'enfant, l'amour pour l'enfant, cimente l'union, stabilise l'amour, mais tue l'amour à l'état naissant. Paradoxalement, l'amour naissant peut durer si une force extérieure sépare les amants ; ou si naît une jalousie envers l'enfant : c'est alors un amour unilatéral, donc malheureux.

Notre culture masque la discontinuité que représente la naissance de l'enfant. Et c'est avec surprise que chacun s'aperçoit que l'autre le néglige, qu'il n'a plus ces élans et ce désir total qu'il avait autrefois. En réalité tout est changé. A la structure fondamentalement instable de l'amour à l'état naissant s'est substituée une structure potentiellement permanente. Même si l'amour naissant meurt, même si l'amour disparaît et si le couple se sépare, désormais le collectif survit dans deux couples mère-enfant et père-enfant.

8.

« Dieu chassa l'homme et logea des chérubins vers l'orient du Jardin d'Eden avec une lame d'épée de feu qui se tournait çà et là pour garder le chemin de l'arbre de vie. » Ainsi dit la Genèse. Dans l'état naissant, l'homme arrache l'épée de feu de la main des chérubins et entre dans le Jardin d'Eden. Mais il ne peut y rester, il ne peut en faire sa demeure ni son domaine. *L'état naissant* est transitoire par définition. Il n'est pas un repos mais un mouvement, un mouvement vers ; arriver c'est être parti.

L'amour naissant, quand tout va bien, débouche sur l'amour ; le mouvement collectif quand tout réussit, engendre une institution. Mais le rapport qui s'établit entre l'amour naissant et l'amour, entre l'état naissant et l'institution correspond à celui qui existe entre s'envoler, voler et être arrivé ; entre se trouver dans le ciel au-dessus des nuages et avoir, de nouveau et définitivement, les pieds au sol. Prenons une autre image, celle de la fleur et du fruit. C'est de la fleur que naît le fruit mais le fruit n'est pas la fleur. Quand vient le fruit, la fleur n'existe plus. En réalité, se demander si la fleur est meilleure que le fruit ou vice-versa est un non-sens.

De même, il est stupide de s'interroger sur la supériorité de l'état naissant ou celle de l'institution. Ils n'existent pas l'un sans l'autre; tous les deux font partie de la vie. Mais les confondre parce qu'ils sont différents est également un non-sens. La façon de sentir, de penser et de vivre propre à *l'état naissant* diffère de celle de la vie quotidienne, institutionnelle. Nous nous trouvons non seulement devant des pensées différentes, mais également devant une diversité de modes de penser et un système de catégories autre.

Commençons par n'importe quel point. Dans la vie quotidienne, les buts que nous nous proposons d'atteindre, ce que nous cherchons à obtenir, tiennent tous compte des moyens dont nous disposons. Nous ne faisons pas de projets irréalisables. D'ailleurs nos désirs sont illimités. Si une fée sortie des contes nous apparaissait et nous demandait d'énumérer trois de nos désirs, nous resterions perplexes et une liste étrange nous viendrait à l'esprit : être richissime ? Être toujours en bonne santé ? Nous seuls ou ceux qui nous sont chers également ? Être toujours jeune ? Nous seuls ou d'autres aussi ? On pourrait tout simplement demander, le « bonheur », mais le « bonheur » ne s'identifie pas à quelque chose, le problème est donc de définir les « choses » qui peuvent nous procurer le bonheur. Pourtant, celui qui aime saurait très bien quels souhaits formuler. « Qu'il m'aime. » Et s'il lui restait la possibilité d'exprimer deux autres désirs, il ajouterait : « Que je continue à l'aimer et que lui aussi continue à m'aimer. » Un amoureux a un désir très précis, limité. Mais, en s'assignant ce but, il ne tient pas compte des moyens dont il dispose. Personne ne tombe amoureux en se disant : « Du moment que je possède les moyens de rendre quelqu'un amoureux de moi, je décide d'être amoureux de lui. » Avant tout, on tombe amoureux, avant tout, on désire l'amour de l'autre et seulement après on cherche les moyens de l'obtenir, de se faire aimer. Dans la vie quotidienne il n'y a pas de différence réelle entre les *besoins essentiels* et *les besoins non essentiels.* Dans l'état naissant, au contraire, il en existe une. Tout ce qui contribue à atteindre la personne aimée, à se faire aimer d'elle est essentiel. Le reste ne compte pas. Il est très agréable de bien manger si cela plaît à la personne aimée, mais si l'on est seul, un bon repas n'a aucune importance. Pour rencontrer l'être aimé, pour rester près de lui, nous acceptons d'entreprendre les voyages les plus pénibles, de ne pas manger, de ne pas dormir, et tout cela ne nous fatigue pas, au contraire, nous sommes heureux. Tout ce qui est insupportable dans la vie quotidienne nous l'accomplissons sans nous en apercevoir.

Dans la vie quotidienne prévaut le principe de l'échange équitable. Si je te donne une chose, j'en veux une autre d'égale valeur. Dans l'état naissant, au contraire, règnent les principes du *communisme* : chacun donne selon ses possibilités, chacun reçoit selon ses besoins. Il n'y a aucune comptabilité entre ce que l'on donne et ce que l'on reçoit. Chacun fait des cadeaux à l'autre : des objets qui lui paraissent beaux, qui parlent de lui, qui amènent l'être aimé à se souvenir de lui. Mais aussi des cadeaux qui font plaisir à l'autre, que l'autre a nommés ou regardés. Offrir est parfois un acte soudain, un geste spontané qui symbolise le don de soi-même, une totale disponibilité. Mais le don n'attend pas un autre don, il n'attend pas la réciprocité. En offrant un présent, le compte est tout de suite positif si l'autre apprécie cet objet et en est heureux. La joie de l'autre vaut plus que n'importe quel objet. Ainsi les amants se font-ils des cadeaux mais sans rien attendre en retour. Chacun donne selon ses exigences et chacun reçoit selon ses besoins. Quand on entreprend une comptabilité des dons, « Moi, je te donne ceci et toi rien en échange », l'amour est en train de s'éteindre. Lorsque chacun exige la comptabilité du crédit et du débit, l'amour est alors complètement fini.

Comme dans le communisme, on expérimente *l'égalité*, une égalité qui n'a rien à voir avec l'absence de différences. Chacun est totalement désiré en tant qu'individualité unique et caractéristique. L'égalité ici doit être considérée comme l'égalité absolue des droits, du droit de chacun à demander. Dans la passion amoureuse, il n'y a pas de droits préconstitués. Mais égalité de pouvoir. Étant donné que la réalisation du désir dépend totalement de l'autre, chacun a sur l'autre un énorme pouvoir, un pouvoir vraiment total. Mais — à moins que l'on ne se trouve devant un amour unilatéral — ce pouvoir est symétrique. Chacun est à la merci de l'aimé.

Autres dimensions de l'état naissant : la *vérité* et l'*authenticité*. L'amoureux recherche son authenticité la plus profonde, il s'efforce d'être lui-même jusqu'au bout. Il atteint cet objectif grâce à la personne qu'il aime, au dialogue qu'il poursuit avec elle, à la rencontre grâce à laquelle chacun cherche dans l'autre la reconnaissance, l'acceptation, la compréhension, l'approbation et la rédemption de ce qui a été et de ce qui est réellement. Le remaniement de ce passé, dont nous avons déjà parlé, le rend inoffensif ; chacun peut en parler et en en parlant, en le racontant à l'autre, il s'en libère. Mais pour s'en libérer, « pour racheter son passé », il doit dire la vérité ; seule « la vérité rend libre ».

C'est pourquoi chacun se rachète en avouant à l'autre toute la vérité, en se montrant dans son discours sur lui-même complètement transparent à ses yeux et aux yeux de l'autre. Dans la vie quotidienne nous n'avons aucune expérience de ce genre. Nous pouvons proclamer la vérité à un étranger, mais cette vérité ne nous aide pas du tout parce que la personne à qui nous nous confions n'a aucun pouvoir sur nous. C'est seulement en disant la vérité à celui qui est le dispensateur du bien que nous avons la possibilité de nous racheter de ce que nous avons été et de nous transformer, c'est-à-dire d'être celui que nous devons être pour que s'accomplisse ce qu'il y a de meilleur en nous. A son psychanalyste le patient dit la vérité, car, grâce au transfert, il reproduit partiellement le processus qui se réalise spontanément dans l'amour naissant. Mais la force de la passion brise, au bout de quelques heures ou de quelques instants, des barrières inconscientes qui, en analyse, résistent parfois des années. Cela est possible parce que la peur du passé a disparu. Les deux amoureux confessent réciproquement leur passé et chacun a le pouvoir d'absoudre l'autre.

On ne doit pas s'étonner de trouver dans cette étude de nombreuses références religieuses. En réalité, la dynamique profonde de l'état naissant a été exprimée jusqu'à présent dans le seul langage de la métaphysique et de la religion. Nous nous proposons surtout de ramener la théologie sur terre, d'attribuer aux relations humaines ce qui, jusqu'à présent, servait à décrire les rapports avec la divinité. C'est pourquoi la confession et l'absolution sont les deux composantes essentielles de l'expérience de l'amour à l'état naissant. Les amants s'interrogent continuellement sur ce à quoi ils sont en train de penser. « A quoi penses-tu? » est leur question la plus spontanée. Au plus profond de leur cœur cela signifie : « Penses-tu à moi? » Mais un simple oui ne suffit pas. La question concerne l'autre, sa vie, ses pensées les plus intimes, elle exige la transparence totale de l'autre dans sa complexité et dans son authenticité, pour pouvoir s'y insérer comme un objet authentique d'amour, mais aussi comme un interprète, une consolation, un guide. Ainsi, ne suffit-il pas que l'autre réponde « Je pense à toi », il doit aussi montrer la trace véritable, concrète, individuelle de cet itinéraire. Ce « Je pense à toi » constitue toujours le point de départ et le point d'arrivée; mais c'est à travers la richesse du concret, lequel en est transfiguré et transsubstantié. Voilà un autre terme religieux : changement de substance. Le même événement, jusqu'alors banal ou même pitoyable, une fois dit, raconté, accepté et introduit dans le contexte d'un discours amoureux en ressort transfiguré, valorisé. Il en est de même pour un défaut, une faiblesse, une souffrance, une maladie. L'amoureux aime jusqu'aux blessures de sa bien-aimée, il aime les organes internes de son corps; son foie, ses poumons et les organes internes de son âme : son enfance, les sentiments qu'elle éprouva pour son père et sa mère, son attachement à une poupée. Et comme l'amour naissant est également une résistance à l'amour, une volonté d'éloignement et de détachement, même ce refus doit être dit, avoué, dépassé et absous. Essayons de franchir encore un pas. Seul l'objet de notre amour est doué de valeur, tout le reste en est dépourvu.

Cette distinction entre ce qui est doué de valeur et ce qui en est dépourvu constitue l'essence de *la pensée métaphysique*. On est donc en droit de dire que dans l'état naissant se manifeste une façon de penser métaphysique. Cette façon de penser nous amène à établir une distinction absolue entre ce qui est doué de valeur et donc ce qui est réel et ce qui est contingent. Cette division s'effectue à travers toutes choses et à travers nous-mêmes. Si nous sommes en rapport avec la réalité nous sommes transfigurés, nous sommes porteurs de valeurs et de droits essentiels. Si nous ne sommes pas en rapport avec la réalité, nous sommes privés de toute valeur, nous sommes absolument nuls, moins que rien. Mais comme l'amour naissant suit un processus, il s'établit un passage continu, d'un niveau à l'autre, de choses, d'objets, d'expériences, une transition métaphysique continue : on va de ce qui est contingent à ce qui est réel, de ce qui est réel à ce qui est contingent. Donc, d'un côté nous avons la transfiguration (ou la transsubstantiation), de l'autre la dégradation. Nous avons à la main une breloque et nous désirons l'offrir à celui que nous aimons. Il l'accepte, il l'aime. Il la porte sur lui. Cet objet va devenir une partie de lui, un fragment de nous en lui. Supposons que nous nous soyons querellés et que nous en ressentions de l'angoisse. Par chance, nous rencontrons l'être aimé, nous nous apercevons qu'il porte notre breloque. A ce moment-là, cette breloque change de nature : elle devient tout entière la bouche et le corps de l'aimé qui dit : « Je t'aime encore. » L'être qui nous dit oui est incorporé à l'objet. Au contraire, supposons qu'il y ait quelque chose en nous qui déplaise à l'être aimé, un certain vêtement, un accessoire. Dès qu'il nous le dit, immédiatement, la valeur de cet objet se dégrade. Même s'il est précieux il ne vaut plus rien.

Revenons maintenant à notre point de départ. Ce faisceau de manières de penser et de sentir que nous venons de décrire (instant-éternité, bonheur, buts, absolus, autolimitation des besoins, égalité, communisme, authenticité et vérité, réalité et contingence, etc.) représente les propriétés structurelles, permanentes de l'état naissant. C'est pour cela que dans l'état naissant nous pensons, nous ressentons, nous évaluons d'une façon différente, radicalement différente.

L'extraordinaire n'est pas un élément qui nous tombe du ciel, qui dépend du monde extérieur, c'est nous qui avons changé et par ce fait nous voyons d'autres cieux et une autre terre, un autre type d'homme, un autre type de nature. L'état naissant constitue une tentative de refaire le monde à partir de cette façon différente de penser et de vivre ; une tentative de réaliser dans le monde cette expérience de solidarité absolue et de mettre fin à toute aliénation, à toute inutilité. En effet, l'état naissant part de ce qui est désirable en soi, qui dans le monde ne se donne jamais totalement. Il est cette tentative de réaliser le plus possible sur terre cette solidarité absolue dont on a eu l'expérience. Il est donc une exploration du possible à partir de l'impossible, pour instaurer l'état paradisiaque sur terre. Voilà pourquoi, au début, j'ai dit que dans l'état naissant l'homme arrache aux chérubins l'épée de feu et entre dans le Jardin d'Éden. Certes, il ne peut en faire une demeure stable ; l'amour à l'état naissant ne dure pas toujours, l'extraordinaire s'accompagne toujours de l'ordinaire et redevient ordinaire. Mais il est le Jardin d'Éden. Nous tous le connaissons, nous tous y avons été, nous tous l'avons perdu, nous tous savons le reconnaître.

9.

« *Amor ch'al cor gentil ratto s'apprende... amor ch'a nullo amato amar perdona*[1] » écrit Dante. Que signifie la première phrase ? Nous avons vu que celui qui tombe amoureux est prédisposé à le faire lorsque existent certaines conditions, lorsque s'est effectuée une certaine élaboration, lorsque des tentatives, des essais, ont déjà été faits. Celui qui tombe amoureux a déjà cherché ou déjà tenté plusieurs fois d'être amoureux. Le *stil novo*[2] appelle « *gentilezza* » (noblesse d'âme) cette propension à tomber amoureux. Il y a là un élément de vérité, car la tension qui conduit à l'état naissant peut déboucher sur des voies différentes. Certains se convertissent, certains adhèrent à un groupe politique, certains tombent amoureux. La culture et une certaine disposition de l'esprit préfigurent déjà d'une certaine manière l'amour naissant. L'expression même, l'amour à l'état naissant, est un produit culturel, le résultat d'une élaboration et

1. « Amour qui prompt en cœur noble s'allume... Amour à nul aimé ne fait grâce d'aimer » *Enfer*, chant V, page 34, traduction Henri Longnon, Garnier, 1966.
2. École poétique italienne des XIIIe et XIVe siècles (*N.d.T.*).

d'une définition d'un certain type d'expérience. Dans le monde grec et romain, les gens vivaient certainement des états naissants à deux, mais on ne parlait pas alors de l'amour à l'état naissant. L'islam possède une poésie amoureuse mystique très riche, mais une littérature semblable à celle qui, pendant le Moyen Age chrétien, définira la « figure reconnue » de l'amour naissant, lui fait défaut. Cette inclination de l'esprit à chercher une solution dans l'état naissant à deux — la « noblesse d'âme » de Dante — peut aussi être combattue, inhibée par d'autres courants culturels, par d'autres idéologies.

Le deuxième vers de Dante « Amour à nul aimé ne fait grâce d'aimer » contient au contraire une vérité et une équivoque. La tentative de tomber amoureux échoue presque toujours. D'autant plus que lorsque quelqu'un tombe amoureux, très souvent ses sentiments ne sont pas partagés, ou bien ils ne le sont pas avec la même intensité et de la même façon. Et pourtant il y a dans ce vers une certaine vérité : deux êtres, réellement prédisposés à tomber amoureux, ont toutes chances de tomber amoureux l'un de l'autre, de « se reconnaître » s'ils se rencontrent. L'explication de ce phénomène procède de ce qui a été dit au chapitre précédent. L'état naissant entraîne une façon de penser, de voir, de sentir, de vivre tout à fait différente. Ceux qui se trouvent dans cette situation, dans cet état, se comprennent l'un l'autre profondément. Bien que leur histoire personnelle soit radicalement différente, leur relation au monde est identique. C'est la raison pour laquelle, dans les grands mouvements collectifs, des milliers et des milliers de personnes d'âge et de milieux sociaux différents se

« reconnaissent » et forment une unité collective, un « nous ». Le même phénomène se produit quand on tombe amoureux.

L'état naissant crée immédiatement la *reconnaissance*, la *compréhension*, sur un plan intuitif et profond. Un mystique médiéval célèbre, Raymond Lulle[1], écrit : « L'amant et l'aimé sont des réalités différentes (et pourtant) ils s'accordent sans aucune opposition, sans aucune différence d'essence. » Cette « essence » est *la structure catégorielle de l'état naissant*. Il s'ensuit donc une expérience très particulière, celle d'être tout à fait différents et de présenter pourtant une mystérieuse et très forte affinité spirituelle. Mais cette affinité spirituelle ne préexistait pas, elle s'établit au cours même de la rencontre. Auparavant, on parlait deux langues différentes, on parle maintenant la même. Grâce à l'état naissant, la structure profonde de leur façon de penser, celle qui va au-delà de leurs personnes empiriques, est devenue semblable. Le fait que l'état naissant possède la même structure catégorielle implique que deux personnes qui parlent deux langues différentes comme le français et l'allemand, et qui baragouinent quelques mots de la langue de l'autre, peuvent cependant tomber amoureuses et se comprendre. Dans la tradition religieuse on appelle ce phénomène le miracle des langues, la polylalie.

Mais il y a quelque chose de plus dans la phrase de Dante. L'état naissant a le pouvoir de réveiller chez les autres les propriétés qui sont les siennes. Quand une personne tombe amoureuse d'une

---

1. Raymond Lulle (nom francisé de Ramón Llull) (1235-1315), traduit ici de l'italien. Traduction du catalan : *Le Livre de l'amie et de l'aimé*, Aubier Montaigne, 1967.

autre, elle provoque toujours chez elle un éveil, une émotion. Celui qui aime tend à entraîner l'aimé dans son amour. Si l'autre aussi est disposé à tomber amoureux, une rencontre et même un amour peuvent naître. Mais l'autre personne peut déjà avoir quelqu'un qui l'intéresse ; alors, le poème d'amour que lui transmet cet amoureux réveille certainement son amour, mais pour l'autre. Cette personne est transportée à un niveau supérieur de sentiments, mais le destinataire de ces sentiments n'est pas celui qui les a éveillés.

Ces différentes possibilités nous amènent à formuler la question cruciale : quand deux êtres sont amoureux l'un de l'autre, s'aiment-ils autant ou bien y en a-t-il un qui aime plus que l'autre ? L'amour naissant est une transformation intérieure individuelle qui part à la recherche de son objet. Au début, dans tous les cas, un seul est amoureux. Et la plupart de ces premières tentatives retombent presque immédiatement. D'autres fois, au contraire, le processus continue et deux cas peuvent ainsi se produire. Dans le premier, le choix avait été le bon, l'autre personne étant également disposée à tomber amoureuse. Alors, se développe l'état naissant à deux et l'amour est réciproque. Mais très souvent, l'autre personne n'éprouve qu'un désir d'amour, ou d'aventure, qu'une attirance érotique ou intellectuelle. Donc, elle ne tombe pas amoureuse. Cela ne signifie point qu'elle refuse l'amour de l'autre, elle peut au contraire en être flattée. Mais elle ne change pas intérieurement, elle n'entre pas dans l'état naissant, elle participe à l'état naissant de l'autre. Probablement, se croit-elle amoureuse. Mais elle reflète l'amour de l'autre, parce qu'elle accepte et partage les symboles de l'autre qui parle la langue de l'amour. En les voyant ensemble, seul un œil attentif s'apercevrait que l'un est profondément amoureux, et l'autre beaucoup moins.

Ces types d'états amoureux déséquilibrés sont très fréquents et peuvent même durer longtemps ; ils peuvent également conduire au mariage. Peu à peu, entre les deux, une profonde affection s'établit. Mais si l'amour naissant doit affronter des difficultés très graves, si, par exemple, l'un des deux est déjà marié, s'il a des enfants ou s'il doit s'absenter longtemps, l'inégalité des sentiments se révèle. Au plus profond de son cœur, la personne qui a été « entraînée » dans cet amour naissant peut se passer de l'autre, alors que celui qui est vraiment amoureux ne peut se passer d'elle. La première sait qu'elle a d'autres alternatives, l'autre non. Voilà pourquoi la première impose avec calme ses conditions : « Je suis là, je t'aime, résous tes problèmes et reviens. Mais ne te montre pas avant de les avoir résolus. » La personne entraînée dans l'amour ressent les problèmes comme appartenant à l'autre, et non pas comme des drames communs ; en substance, elle lui dit : « Débrouille-toi. » Dans l'amour naissant partagé, au contraire, chacun tend à envahir le territoire de l'autre, à le considérer comme un problème qui concerne le « nous » et que seul le « nous » peut résoudre.

Examinons maintenant un autre cas d'amour mal partagé. Les êtres humains ne sont pas tous égaux, il existe entre eux de profondes différences de sensibilité, d'intelligence, de culture, et de créativité. Lorsqu'une personne créative tombe amoureuse, elle devient plus créative encore, sa capacité d'enrichir sa vie de productions imaginaires augmente. Elle édifie des labyrinthes fantastiques, des villes féeriques qu'elle habite comme s'ils étaient réels. Les artistes, les poètes, les savants vivent dans l'univers imaginaire qu'ils ont créé ; aussi, quand ils tombent amoureux, ont-ils tendance à entraîner ceux qu'ils aiment dans cet univers personnel. Leur charme est grand, mais, souvent, la déception qu'ils causent l'est aussi. La plupart des gens veulent des réalisations concrètes ; face à cette production fantastique, ils ont l'impression de voir quelque chose d'irréel, et même quelque chose de faux.

Il y a des différences que l'amour n'arrive pas à combler ; celui qui est compliqué peut comprendre celui qui est simple, mais celui qui est simple ne peut comprendre celui qui est compliqué et qui lui semble menteur ou fou. Dostoïevski pouvait comprendre la jeune fille dont il était amoureux pendant son voyage en Italie, mais elle ne pouvait absolument pas le comprendre. En lisant le *Werther* de Goethe, on se rend compte qu'entre Werther-Goethe et la simple Charlotte il y a un abîme. Chez Virginia Woolf, on ressent constamment la solitude du génie qui ne peut être compris.

N'oublions pas cependant que l'amour naissant produit chez la personne la plus simple une transformation qui la rapproche des poètes. Le langage de l'amour naissant est en effet le langage de la mystique, de la théologie et de la poésie. Si deux personnes sont amoureuses à un degré différent, celle qui est vraiment amoureuse tend à créer des univers imaginaires, poétiques. Celle qui aime moins manifeste des exigences concrètes, précises.

Mais l'état naissant est, en lui-même, une exploration du possible à partir de l'impossible ; il n'est pas une vérification méticuleuse de ce que l'on doit et l'on peut faire. Ainsi celui qui est moins amoureux reproche-t-il à celui qui l'est davantage de vivre dans un monde irréel, où tout est jeu, fantaisie. Là où foisonne une production de symboles, de métaphores, de dons, celui qui aime moins les ressent, à cause de sa propre aridité, comme des artifices. Dans l'amour naissant mal partagé, c'est toujours celui qui aime moins qui reproche à l'autre d'être peu sensible, d'être égoïste, de vivre de rêveries ou d'être ambigu. C'est au contraire toujours celui qui aime le plus qui pose, sans cesse, à travers mille nuances, la question essentielle : « Est-ce que tu m'aimes » ? Et c'est lui qui offre des présents.

10.

Nous avons déjà dit que tombe amoureux celui qui est prédisposé à tomber amoureux, celui qui est disponible. Cela signifie-t-il alors, que nous tombons amoureux quand nous en ressentons le désir ? Cela signifie-t-il alors que celui qui éprouve très fort, d'une façon poignante, le désir d'un grand amour nouveau, est prédisposé à tomber amoureux ? Non.

Il n'y a aucun rapport entre le désir d'un amour et le fait de tomber vraiment amoureux. Il y a des gens qui portent en eux ce désir pendant des années et des années, qui vont à la rencontre d'autres personnes, cherchant celle qui pourrait, seule, être aimée et aimer : mais ils ne la rencontrent jamais. Ils en accusent le sort, le milieu qu'ils fréquentent ou leurs goûts difficiles. Souvent, ils ont l'impression de rencontrer l'être qu'ils cherchent ; ils éprouvent une émotion, un désir, une anxiété de le revoir, mais c'est comme un éclair qui s'évanouit. Presque toujours, ils ont le sentiment de rencontrer un être qui ne s'intéresse pas vraiment à eux. Ils ressentent une sécheresse et un manque d'intérêt. Ils désirent passionnément être aimés, ils attendent de rencontrer la personne qui répondra oui, mais personne ne leur répond. Leur quête leur semble désespérée. Mais cherchent-ils vraiment ? On peut en douter car, si, par hasard, quelqu'un leur répond ils se rendent compte alors que quelque chose ne va pas en lui. Ce peut être une caractéristique physique, ou le fait d'être trop vieux ou trop jeune, trop naïf ou trop sophistiqué, trop enthousiaste ou trop froid. En réalité, ils ne sont pas prédisposés à tomber amoureux, même s'ils le désirent. L'amour qu'ils désirent, même ardemment, ne correspond pas à une nécessité de rompre complètement avec le passé, à une nécessité de remettre en cause leur vie, de prendre le risque de se projeter dans une nouveauté absolue.

Personne ne tombe amoureux s'il est, même partiellement, satisfait de ce qu'il a et de ce qu'il est. L'amour naît d'une surcharge dépressive qui se caractérise par l'impossibilité de trouver dans l'existence quotidienne quelque chose qui vaille la peine. Le « symptôme » de la prédisposition à l'amour n'est pas le désir conscient de tomber amoureux, ni le désir intense d'enrichir l'existence ; mais le sentiment profond de ne pas exister, de n'avoir aucune valeur et la honte de ne pas en avoir. Le sentiment du néant et la honte de sa propre nullité : tels sont les signes avant-coureurs de l'état amoureux. Aussi l'état amoureux est-il plus fréquent chez les jeunes : profondément hésitants, ils ne sont pas sûrs de leur valeur et ils ont souvent honte d'eux-mêmes. Il en est ainsi des autres âges de la vie au moment où l'on perd quelque chose de nous-mêmes ; quand s'enfuit la jeunesse, quand on approche de l'âge mûr. On subit une perte irréparable, on est dévalorisé, dégradé si l'on se compare à ce que l'on a été. Ce n'est pas la nostalgie de l'amour qui nous pousse à tomber amoureux, mais la certitude de n'avoir rien à perdre en devenant ce que nous devenons ; c'est la perspective du néant devant nous. C'est alors que se développent en nous cette disposition à affronter une situation différente et à prendre des risques, cette propension à se jeter dans n'importe quelle aventure et que ceux qui sont satisfaits d'eux-mêmes ne peuvent connaître.

Y a-t-il un autre signe, un autre symptôme de cette prédisposition à tomber amoureux ? Parfois tout commence par une déception profonde, radicale, de nous-mêmes ou de ce que nous avons aimé. Ce peut être une grave maladie, le fait d'avoir été longtemps négligé ou bien une accumulation trop grande de déceptions que nous avons toujours niées. Alors, nous devenons sombres, nous nous enfermons en nous-mêmes. Mais il peut arriver que nous regardions autour de nous et que nous nous apercevions que les autres sont heureux. Voilà le signal. En général, nous ne percevons pas forte-ment, viscéralement, le bonheur des autres ; mais quand nous sommes prédisposés à aimer, une force nous entraîne à le ressentir autour de nous presque douloureusement et à l'envier. Peut-être le mot envier n'est-il pas exact : nous éprouvons plutôt un sentiment de manque, nous avons l'impression d'être exclus d'un monde de désirs intenses et de satisfactions intenses. Ces désirs intenses et ces satisfactions intenses que nous percevons chez les autres correspondent en fait à nos désirs et à notre possibilité renouvelée de vivre intensément. Pen-dant cette phase nous ne percevons pas ces désirs en nous mais chez les autres. La réalité devient ainsi plus intense et, en même temps, plus douloureuse car le sujet a le sentiment d'être exclu d'une vie plus pleine qu'il vit et qu'il connaît, malgré lui, à travers les autres : ceux qui sont heureux. A lui, n'échoient que le devoir et le renoncement ; ce n'est qu'en acceptant le devoir quotidien comme un impératif indiscutable qu'il réussit à maintenir la cohésion des éléments amers de son moi. La propension à tomber amoureux ne se révèle donc pas grâce au désir de tomber amoureux, mais grâce à la perception de l'intense vitalité du monde et de son bonheur, grâce au sentiment d'exclusion et de jalousie que fait naître ce bonheur dont on sait, avec certitude, qu'il est inaccessible.

Puis, dans ce quotidien opaque, fait de devoirs, où il se meut comme le « chevalier inexistant » de Calvino[1], il perçoit comme un présage. Parfois, un présage de malheur, le sentiment d'une catastrophe imminente qui va engloutir la planète. Dans ce cas, l'affrontement qui se prépare en lui est perçu comme objectif : une déchirure de l'univers, une peur obscure et une attraction vers cette obscurité. Parfois, s'il est fatigué ou excité, il peut être saisi par le sens du destin : quelque chose de grandiose et terrible est sur le point d'arriver, il parle comme un inspiré. Ce n'est qu'un instant, puis tout retombe comme avant. D'autres fois, un chant lui vient spontanément à l'esprit, ou un désir de poésie qu'il transmet à quelqu'un comme s'il attendait une réponse. Certains ont de véritables visions ou des rêveries chargées de significations obscures ou exaltantes. Ce sont toutes des manifestations épisodiques et incertaines de l'« extraordinaire », des

---

1. Italo Calvino, *Le Chevalier inexistant*, Le Seuil, 1962. *(N.d.É.)*

signes d'une transcendance du moi, de ce moi qui ne vaut rien, comme s'il y avait un autre moi qui attendait de se manifester, d'être reconnu, mais qui apparaît comme venant de l'extérieur, objectivé. Tomber amoureux ne correspond pas au désir d'aimer une personne belle ou intéressante ; mais à celui de reconstruire la société, de voir le monde d'un œil nouveau. Dans la préparation à l'amour naissant, l'univers nouveau apparaît tantôt socialement très loin (les heureux), tantôt perdu dans le temps (un événement qui doit arriver). Ce n'est pas encore la manifestation de l'être : mais c'est déjà une hiérarchisation, une distinction entre ce qui est important et doté de valeur et ce qui ne l'est pas, le sentiment d'en être privé, et le présage de quelque chose.

Celui qui désire tomber amoureux pour enrichir son existence, pour y ajouter quelque chose de merveilleux, ne peut tomber amoureux. Seul, celui qui est en train de perdre sa vie s'approche du seuil qui sépare le réel du contingent. Cela vaut pour tout état naissant ; donc pour tout mouvement collectif. Pendant cette période, la « réponse » peut aussi ne pas provenir d'une autre personne, c'est-à-dire que le sujet peut ne pas déboucher dans l'amour. S'il est préparé à changer d'état et s'il se trouve dans un système social où un mouvement collectif est en train d'exploser, il se reconnaîtra en celui-ci. Il ne tombera pas amoureux d'une personne, mais il entrera dans l'état naissant d'un groupe.

Donc, il est impossible de tomber volontairement amoureux même si on le désire intensément. Mais, si on le souhaite, peut-on rendre quelqu'un amoureux de soi ? Oui. Cela est possible car il y a toujours quelqu'un prêt à tomber amoureux, prêt à se jeter dans une nouvelle vie pour le meilleur et pour le pire. Une personne peut alors se présenter à cet individu pour lui démontrer que tout cela est possible et elle peut représenter à ses yeux la porte à travers laquelle il connaîtra la liberté et la joie les plus grandes. Il est possible de rendre quelqu'un amoureux si, au bon moment, une personne se présente et lui témoigne une profonde compréhension, si elle le conforte dans sa volonté de renouveau, si elle le pousse dans cette direction, si elle l'encourage, si elle se déclare prête à partager le risque du futur en le soutenant, en restant à ses côtés, quoi qu'il arrive et pour toujours. N'importe qui peut rendre amoureux celui qui attendait l'appel s'il lui fait entendre la voix qui le nomme, s'il lui annonce que son temps est venu. S'il lui dit qu'il est ici pour reconnaître le destin dont l'autre est le messager, s'il en distingue les signes sur son visage, sur ses mains, sur ses actes. En lui apportant une certitude, il l'appelle à lui pour aller plus loin. Alors l'autre se reconnaît en lui et tombe amoureux. On peut faire tout cela dans le mensonge. Qui le fait ?

Qui désire rendre quelqu'un amoureux sans en être lui-même amoureux ? Tout d'abord, ce type de personnes dont nous avons déjà parlé, ces personnes qui désirent être amoureuses pour enrichir leur vie quotidienne. Elles cherchent une réponse, elles craignent de ne pas la recevoir et c'est pourquoi dans une tentative permanente de « séduction », elles peuvent l'obtenir de celui qui éprouve la nécessité profonde de la donner. Mais cela peut être quelque chose de plus mesquin, le désir de succès ou le désir de pouvoir. L'amour donne un énorme pouvoir sur celui qui aime et cet énorme pouvoir peut plaire car il flatte la vanité, car il rend l'autre esclave, disponible, prêt à répondre à chaque signe et à chaque désir. Viennent ensuite ceux qui agissent ainsi pour de l'argent, ceux qui poursuivent d'autres buts. Qu'arrive-t-il après, lorsque, en plein état amoureux, il y a celui qui aime et celui qui, aimé, n'aime pas du tout car il n'a jamais aimé ? C'est le cas extrême de l'amour unilatéral que le mensonge rend impitoyable. Mais justement parce qu'il y a mensonge, le mensonge, dans la plupart des cas, sera démasqué.

L'amour naissant s'appuie sur des preuves, c'est une succession de preuves, et celui qui a rendu l'autre amoureux — parce qu'il voulait tomber amoureux, ou par goût du pouvoir, ou parce qu'il désirait quelqu'un de totalement disponible — bientôt se fatigue de cette succession de preuves. Du moins s'irrite-t-il d'entendre continuellement demander « M'aimes-tu ? » de mille façons auxquelles il ne sait répondre. Dans tous ces cas, la preuve est faite, le mensonge est démasqué. Mais cela ne diminue en rien la grande douleur, la perte désespérée que subit la personne qui aimait vraiment. Mais, en fait, le préjudice est d'autant moins grave que le mensonge est plus insolent, superficiel, grossier. A l'espoir, se substitue la certitude du néant : « Tu ne m'as jamais aimé ; au fond, il n'y a jamais eu d'amour, rien n'a jamais existé. » L'expérience douloureuse s'évanouit comme une illusion. Même si parfois la différence est difficile à établir, nous devons distinguer cette situation de celle dans laquelle l'un aime plus et l'autre moins, mais cet autre était convaincu d'être amoureux. L'événement n'est alors pas le même, car on ne peut atteindre la certitude d'avoir été trompé et le renoncement doit se décider dans le doute ; le doute qui, dans l'état amoureux, devient dilemme. Nous en reparlerons car, dans ce cas, l'issue est terrible : c'est la pétrification.

11.

Est-ce que la personne dont on tombe amoureux devient parfaite à nos yeux ? D'après notre analyse précédente, certaines remarques nous incitent à répondre oui, d'autres non. Oui, car en elle nous trouvons tout ce qu'il y a de plus désirable. Non, car nous n'acceptons pas entièrement son projet, nous nous défendons contre lui, nous luttons même contre elle. Parfois, nous trouvons ses paroles empreintes d'une vérité profonde, une vérité à laquelle nous n'aurions jamais pu parvenir tout seuls ; c'est comme si nous découvrions une nouvelle perspective du monde. Mais il n'en est pas toujours ainsi : parfois, nous ne sommes pas d'accord avec cette personne, nous essayons de lui expliquer longuement notre point de vue et de la convaincre. Aucun des deux amoureux ne représente la perfection aux yeux de l'autre, aucun n'est le dépositaire de la vérité. Mais chacun constitue aux yeux de l'autre un intermédiaire pour parvenir à la vérité parce que la vérité, dans l'expérience de l'état amoureux, existe, est accessible. Quand l'autre, grâce à une remarque, un jugement, un récit, nous montre quelque chose que nous n'avions jamais vu dont nous n'imaginions même pas l'existence, c'est comme si la fenêtre par laquelle l'autre regarde et voit le monde s'ouvrait pour nous. Cette perspective est la sienne, de même que nous avons la nôtre. Mais ce n'est pas une opinion, un « point de vue », comme l'on dit dans le langage de la vie quotidienne ; c'est réellement une *fenêtre sur l'être*. L'autre voit d'un autre point de vue ce que nous avions observé nous aussi sans voir et sans comprendre. Nos deux perspectives regardent la même réalité, la même vérité qui nous est en grande partie méconnue, et qui pourtant est là devant nous, que l'on peut saisir, connaître.

Ce que l'on trouve dans l'amour naissant et que l'on ne trouve pas dans la vie quotidienne, c'est la certitude que la vérité est accessible et que chaque problème a une solution, même si on ne l'a pas encore trouvée. Aucun des deux amants n'est donc parfait, aucun n'est infaillible. Aucun des deux, pris séparément, ne représente un absolu aux yeux de l'autre. Pourtant leur rencontre et le fait que chacun puisse voir dans la perspective de l'autre constituent l'extrême possibilité et l'extrême faculté de voir et de comprendre. C'est le point le plus proche de la vérité. Le groupe à l'état naissant — le couple ou la multitude — n'est donc pas l'absolu mais le chemin vers l'absolu, la voie qui permet de s'en approcher, la fenêtre au travers de laquelle on entrevoit l'être. Et puisque pour celui qui aime, tous les autres se réduisent à une seule personne — celle que l'on aime —, cette personne devient alors celle « à travers laquelle » se manifeste la vérité ; elle n'en est pas la dépositaire ni la gardienne, elle en est la porte, tantôt ouverte, tantôt entrouverte, tantôt fermée.

Cette ouverture sur la vérité des choses n'implique pas, chez l'être aimé, un niveau d'intelligence très élevé, ni un caractère extraordinaire. Nous pouvons « voir » parfois à travers l'une de ses faiblesses, l'une de ses naïvetés. Nous n'aurions pas pris en considération certaines de ses remarques, de ses jugements, de ses appréciations, s'ils venaient d'une autre personne ou de quelqu'un d'autre, nous les aurions même jugés superficiels, naïfs ou erronés. Quand ces propos viennent de l'être aimé nous avons d'abord cette même impression. Puis, nous y réfléchissons et nous y découvrons une certaine valeur. Vu dans sa perspective, sur la base de sa propre expérience, ce que l'autre voit est vrai. C'est ainsi que nous attachons du prix à cette expérience-là, à cette perspective-là, et que nous appréhendons le monde à partir de la subjectivité de l'autre. Puisque cette subjectivité n'est pas une subjectivité quelconque (qui ne nous intéresse nullement ou que nous écartons), nous la considérons comme une valeur et nous nous apercevons que le monde est « également » ainsi. C'est cette voie qui mène à la compréhension profonde dont nous avons déjà parlé ; ainsi, chacun voit-il sa propre et authentique perspective reconnue et sa propre subjectivité singulière et unique, appréciée totalement. Dans l'amour naissant, ce qui est absolument particulier prend une valeur universelle ; ce que l'autre voit a la même valeur que ce que moi je vois. De cette attitude, une certitude se dégage pourtant, et non pas un scepticisme : nos opinions constituent deux perspectives sur l'être dont elles enrichissent la connaissance ; elles ne s'annulent pas réciproquement, mais elles s'intègrent.

Cette propriété qui se manifeste dans l'amour

naissant se prolonge dans l'amour, perd certains attributs, en acquiert d'autres. Prenons le cas d'un couple dont le fils est mongolien. Ils savent tous deux que leur enfant n'est pas aussi intelligent que les autres, qu'à l'école il ne peut pas faire ce que font les autres. Ce n'est pas pour cela qu'ils l'aiment moins. Mais leur amour ne suit pas les mêmes critères que ceux des autres ; s'ils les suivaient, ils le ressentiraient comme un amour limité, incomplet, insuffisant, dépourvu de valeur. Si ces parents n'agissaient pas ainsi, leur amour serait un amour-compassion, un amour qui remplirait quelque chose qui n'existe pas. Leur expérience est différente : ils comprennent et valorisent la spécificité de la perspective de leur enfant. S'il s'effraie, s'étonne ou s'émerveille de quelque chose qui ne provoquerait pas la même réaction chez un enfant « normal », ils entrent dans son émerveillement et y voient une perspective authentique sur le monde. On a bien le droit de s'émerveiller de quelque chose que l'on a, par la suite, désappris de regarder d'un œil émerveillé ! Les yeux de l'enfant deviennent alors les yeux de l'innocence du monde, que d'autres n'ont pas connue ou qu'ils ont perdue, et l'univers s'enrichit par ce regard. Grâce à leur amour, ces parents sont les gardiens d'une perspective différente (et perdue) sur le monde.

Cela signifie-t-il que nous devenons incapables de juger ? Non. Les parents comprennent la peur ou l'émerveillement de leur enfant, sans être eux-mêmes ni effrayés, ni émerveillés. Ils savent et, malgré la conscience qu'ils en ont, ils ne méprisent pas, mais ils aiment.

En comparant ces expériences, on peut apporter une réponse à une question théologique, maintes fois posée soit dans l'islam soit dans le christianisme : Dieu, infini et omniscient, peut-il aimer l'homme qui est fini et essentiellement faillible ? Selon l'optique des amoureux, la réponse ne peut être que négative. Les amoureux ne peuvent admettre que l'autre, l'aimé, leur soit d'un niveau inférieur ; l'autre ne peut leur être que supérieur car il est la porte qui mène à la vérité. Aussi Dieu ne peut-il tomber amoureux de l'homme qui lui est infiniment inférieur. Mais l'amour naissant est également la voie à travers laquelle ce qui est subjectif acquiert une valeur en soi, et dans l'amour cette expérience est fondamentale. Quand on aime, on connaît les faiblesses de l'autre, mais, si on les considère comme des faiblesses, on les comprend, on les excuse ou même on les apprécie. On les apprécie lorsqu'elles sont, par exemple, une manifestation d'altruisme, de générosité, d'enthousiasme, c'est-à-dire des qualités qui peuvent occasionner des désagréments dans la vie quotidienne mais qui, dans l'échelle des valeurs, sont des vertus. Il s'ensuit que Dieu peut aimer l'homme (surtout s'il est vertueux, c'est-à-dire désintéressé). Cette référence théologico-religieuse nous confirme dans la nécessité d'opérer une distinction entre le moment où naît l'amour et celui où l'amour s'institutionnalise ; même si l'on admet qu'ils sont reliés par toute une série de ponts et de sentiers qui font que l'amour est l'aboutissement de l'amour naissant.

12.

Tomber amoureux — affirme-t-on — convient aux adolescents, aux jeunes. Pour l'homme mûr, la femme mariée et mère de famille, le politicien austère, l'évêque, il est inconvenant de tomber amoureux. Il ne l'est pas pour les vedettes du spectacle et les artistes car ils gardent, au fond de leur cœur, quelque chose de la légèreté et de l'irresponsabilité de l'adolescence. Se passionner pour la politique, s'enthousiasmer pour une foi, se jeter à corps perdu dans une aventure sont, comme le fait de tomber amoureux, des caractéristiques de la jeunesse. De même que changer brusquement d'humeur, passer rapidement de l'enthousiasme au désespoir, puis à un nouvel enthousiasme pour une nouvelle chose. Crises mystiques et crises politiques, dénonciation de l'hypocrisie du monde, affirmation d'une justice absolue, espoir en un monde absolument bon et, en même temps déception profonde, amertume, désespoir.

On retrouve, concentrés dans l'adolescence, presque tous les caractères de l'état naissant. L'adolescence est la période de la vie au cours de laquelle l'état naissant se manifeste le plus fréquemment. Et l'on comprend pourquoi : l'adolescence est la période qui marque le passage de l'enfance et de la famille de l'enfance au monde adulte, et à toute sa complexité. Si l'état naissant sépare ce qui est uni et unit ce qui est séparé, aucun âge mieux que l'adolescence ne se prête à l'accomplissement de cette opération. On se sépare de sa propre famille, de son monde, des valeurs, des émotions et des croyances enfantines pour aimer et s'unir à d'autres personnes, mais aussi à des partis, à des groupes, à la politique, à la science. L'adolescence représente donc l'âge où continuellement on meurt et on renaît à quelque chose d'autre, où, continuellement, on expérimente les frontières du possible. L'adolescence est l'âge des coups de foudre, l'âge où se déroulent, sans cesse, des unions et des séparations dans une succession de révélations et de déceptions.

Lorsqu'on affirme que tomber amoureux sied à l'adolescence et à la jeunesse mais plus du tout aux autres âges de la vie, on ne se borne pas à constater un fait. On ajoute aussi que c'est déplacé, que ce n'est pas convenable, que cet accident ne devrait pas se produire. Si au contraire il se produit, si l'homme mûr tombe amoureux, si la femme mariée et mère de famille perd la tête, on dit alors qu'ils se comportent comme des « gosses ». Ils font quelque chose qui ne convient pas à leur âge, à leur statut, à leurs devoirs. Ce qui est permis dans l'adolescence — c'est-à-dire rompre avec sa famille — est maintenant interdit. Se comporter comme des gosses sans l'être ne signifie qu'une chose et seulement une seule : on rompt avec une institution alors qu'il ne le faudrait pas. S'il s'agit d'un jeune, c'est admis, reconnu, cela doit être fait. Mais à un autre âge, non. L'enfant ne peut ni ne doit rester un enfant collé à sa mère, à son père, à ses jouets. L'adulte, au contraire, est « arrivé »; il a atteint un *statut*, une « situation », une « place » où il doit rester. Mais l'état naissant rompt avec l'institution consolidée pour créer une autre solidarité alternative. Il déplace, entraîne ailleurs, fait mourir et renaître. Quelle que soit la forme sous laquelle il se présente, comme amour naissant, comme mouvement religieux, comme mouvement politique, il est toléré tant qu'il s'agit d'une « affaire de gosses », mais il devient redoutable s'il touche les adultes. Le mécanisme de contrôle, premier et fondamental, consiste alors à déclarer que tout cela est déplacé, à le discréditer en disant justement que c'est « une affaire de gosses », que des adultes se comportent comme des gamins.

L'Institution a horreur de l'état naissant. C'est la seule chose qu'elle redoute, car c'est la seule chose qui puisse l'ébranler jusque dans ses fondements, par sa seule présence. Selon l'optique de l'institution, l'état naissant est, par définition, l'inattendu. Puisque sa logique est différente de celle de la vie quotidienne, il représente l'incompréhensible. Puisqu'il attaque les institutions au nom de leurs valeurs mêmes et les accuse d'hypocrisie, il incarne le fanatisme. Puisqu'il reconstruit le passé et déclare rompus les liens et les pactes, il est monstrueux.

Face à un état naissant, même le plus insignifiant, l'institution est ébranlée dans ses certitudes. En reproduisant l'événement qui a donné naissance à l'institution elle-même, en mettant à nu les forces qui l'alimentent, l'état naissant crée une situation pleine de risques mortels. Tous les mécanismes sociaux, toute la sagesse des traditions n'ont alors qu'un seul but : chercher à étouffer l'état naissant, à le rendre impossible. Si cette destruction ne réussit pas, alors seulement la société essaiera d'enfermer l'état naissant dans des formes connues et reconnues. Les fiançailles, la séparation, le divorce, le modèle de l'amant, la vengeance, le mariage, sont tous les aboutissants institutionnels d'un type particulier d'état naissant : celui de tomber amoureux. Mais tout cela n'arrive qu'ensuite. Au début, ces voies n'existent pas. L'état amoureux n'est même pas reconnu comme tel.

Face à l'événement qui n'aurait pas dû se produire, la société réagit toujours en essayant de nier son existence, de faire comme s'il n'avait jamais existé. Et, tout d'abord, on le fait taire, on le classe dans les catégories de la vie quotidienne, catégories qui ne lui conviennent nullement. Ainsi, on oblige les amoureux à se définir comme quelque chose qui n'existe pas, comme quelque chose de différent de ce qu'ils sont. S'ils ne peuvent se définir dans les termes de l'institution, l'institution déclare leur expérience folle, dépourvue de sens, absurde.

Tout d'abord, l'institution se moque de l'état naissant. L'homme adulte, amoureux d'une enfant, est grotesque, ridicule. Grotesques sont surtout ses pleurs, car les pleurs sont l'apanage des petits enfants, des impuissants et non des personnes qui ont un statut défini, une place dans la société. Autour de la personne amoureuse, s'édifie toute une barrière de moqueries, de dérisions. Cet homme-là fait quelque chose qui n'est pas raisonnable, il a perdu son sérieux. Ce qui, pour lui, représente une vicissitude dramatique, essentielle, est au contraire considéré, par ses amis les plus chers, comme une frivolité, une stupidité, un acte infantile. « Ne fais pas l'enfant », lui disent ses amis. Votre attitude est puérile, c'est une régression, décrète le psychologue.

Ou bien encore, une autre interprétation, diamétralement opposée, est avancée : c'est de la sexualité pure, de la sexualité réprimée ; c'est un défoulement sexuel. On réduit l'état amoureux à la sexualité, parce que la sexualité n'a pas un objet unique, exclusif ; elle n'est donc pas très redoutable. Lorsqu'il devient évident que la relation est intense, la culture décrète que l'amoureux voit dans l'autre un absolu de perfection, sans défaut, sans incertitude, et lui attribue ainsi les propriétés du délire.

En réalité, l'amour à l'état naissant est un processus, une découverte et une perte. L'être aimé est à la fois constant et précaire, unique et différent, empirique et idéal.

En même temps, la culture déclare avec certitude que l'amour ne sera pas partagé. « Pauvre rêveuse, de même qu'il a abandonné l'autre, il t'abandonnera aussi », tels sont les commentaires des amies, des mères, des pères.

Si l'amour est partagé, on avance alors une autre déformation : ils sont liés, fascinés, ils vivent dans un univers isolé, eux seuls, enfermés dans leur égoïsme. Alors que l'amour est une ouverture joyeuse au monde qui apparaît beau et heureux, alors qu'il est une ouverture aux autres, ressentis comme des amis. Après les avoir décrits comme unis, de façon contradictoire, notre culture les traite de pseudo-amoureux, c'est-à-dire de non-amoureux (c'est un caprice, un engouement, un romantisme qui leur monte à la tête, etc.).

La culture quotidienne cherche toujours à imposer ses dichotomies : ou tu aimes pour toujours ou tu n'aimes jamais; ou c'est un absolu ou c'est quelqu'un pareil aux autres; ou ils sont toujours unis ou ils sont toujours séparés, etc. En définissant et en interrogeant de cette manière, notre culture pousse les amoureux à se définir dans la contradiction, dans la folie. La chose devient dramatique au plan éthique. Tomber amoureux est un acte de libération. Et la liberté n'est pas seulement vécue comme le fait de se libérer de ses liens, mais comme le droit de ne pas dépendre des conséquences nées de décisions passées, qu'elles soient les nôtres ou celles d'autrui.

En réalité, dans l'état naissant, le passé n'est pas totalement nié, il est nié pour être dépassé dans une nouvelle synthèse. Bien des choses du passé acquièrent même une nouvelle valeur. Sur ce point, la culture institutionnelle affirme catégoriquement : un engagement est un engagement; un pacte est un pacte : on ne peut enfreindre un pacte au gré de son caprice. Tomber amoureux n'est pas le résultat d'un caprice, mais la découverte que les pactes conclus dans le passé comportaient deux éléments : l'un que l'on pouvait imposer par un acte de volonté, l'autre qui ne prenait un sens que s'il était spontané. « Aimeras-tu cet homme et l'assisteras-tu pour le meilleur comme pour le pire ? » demande le pacte. En répondant oui, chacun peut s'engager à aimer l'autre, à l'assister. Mais personne ne peut s'engager à « être amoureux, à aimer passionnément, désespérément ». En tombant amoureux on dénonce la partie cachée du pacte et on dit : je reste fidèle à mes engagements matériels, mais ni moi, ni personne ne peut contraindre mes sentiments. L'authenticité est plus importante que la dissimulation, je ne peux pas mentir. Quand j'ai conclu ce pacte, je ne me suis pas engagé à mentir. On dénonce ainsi le pacte en fonction des principes qui le sous-tendent, en fonction des valeurs supérieures à partir desquelles un comportement, quel qu'il soit, tire sa valeur. Cela est si vrai que l'on est prêt à le payer de sa propre vie. Inexorablement, l'affrontement monte d'un degré et se place à ce niveau. Il y a toujours un moment où le problème se pose en termes d'absolu ou de néant, de vie ou de mort.

Celui qui entre en amour vient d'un monde fait de règles, de certitudes, de voies tracées, d'interdictions. Sa vie se déroule toute entière selon les habitudes. Il agit, mais il ne sait plus, au plus profond de lui-même, pourquoi il agit. Il n'a pas une volonté authentique. Il agit parce que les autres le lui demandent, parce qu'il y a des règles et des devoirs. L'accomplissement de ces devoirs lui est de plus en plus pénible. Puis, à travers une transformation, il s'aperçoit qu'il se mentait à lui-même, qu'il mentait aux autres, que sa vie était une continuelle mystification du réel. L'institution exige qu'il continue à agir ainsi car l'institution ne s'intéresse qu'au comportement manifeste. Pour parler selon le langage théologique propre à la religion protestante ce sont les œuvres et non la foi qui intéressent l'institution. Au contraire, dans l'état naissant les simples œuvres, si elles ne sont pas voulues authentiquement, n'ont pas de valeur, elles ne sont que mensonge et hypocrisie.

L'institution ne se soucie pas des intentions, mais des actes, mais des faits, mais des choses ; elle traite les sentiments et les valeurs comme des objets, comme des choses. Quand je dis institution j'entends par là tous ceux qui ne font pas partie de l'état naissant. L'épouse, le mari, le fiancé ou l'amant abandonnés demandent que lui (ou elle) reste avec eux. Ils savent très bien qu'ils ne peuvent lui demander « sois amoureux de moi, aime-moi passionnément ». Ils demandent donc « renonce à l'autre et reste avec moi ». Ce qui les intéresse c'est la présence physique, le fait qu'il soit là, le fait qu'il ne puisse être avec un autre. Ce qu'il éprouve — chagrin, désespoir — ne les intéresse pas. « Je préfère t'avoir à côté de moi, désespéré, pleurant toute la nuit, plutôt que de te perdre. En substance, ni tes sentiments ni ton bonheur ne m'intéressent ; tu m'intéresses toi comme un objet. » C'est la choséification dont parle Hegel, la marchandisation dont parle Marx.

Tel est le visage que présente l'institution à l'état naissant. Un visage terrible, inhumain et qu'elle ne peut pas saisir en elle-même. L'institution, en effet, surgit elle aussi de l'état naissant. Nous verrons plus tard comment l'amour, le pacte, le mariage naissent de l'amour à l'état naissant. A un certain moment, l'état naissant s'achève et l'institution prend sa place. Au cours de cette transition l'institution déclare réaliser complètement l'expérience de l'état naissant. La messe est la reproduction du sacrifice de la croix. Elle l'est, dit le catéchisme, en réalité, réellement. Mais celui qui assiste à la messe peut revivre ou ne pas revivre cette expérience. Un mystique la revit, un distrait ne la revit pas parce qu'il pense à autre chose ; un incroyant observe la messe comme un spectacle plus ou moins étrange, plus ou moins ennuyeux. La messe, qui dans l'état naissant religieux duquel elle est née, consistait à revivre le sacrifice de la croix (et qui le redevient quand cet état naissant se réactive) prétend, en tant qu'institution, le rétablir sans la participation des hommes. Toutes les célébrations, toutes les fêtes, tous les pactes, toutes les institutions sont nés — et renaissent — à travers des mouvements constitués concrètement par des hommes. Mais les institutions n'ont pas besoin du consentement des hommes, elles n'ont pas besoin des hommes eux-mêmes.

Si elle n'est pas continuellement revivifiée par l'état naissant, l'institution se déshumanise, réduit les hommes à n'être que des objets. Et c'est sous cette forme que l'état naissant la rencontre. Puisque l'état naissant est la vérité de l'institution — l'amour à l'état naissant est la vérité de l'amour — il découvre l'institution privée de vérité, pur pouvoir. Et puisque l'institution ne peut voir dans l'état naissant sa propre vérité — précaire, fugace, pur devenir — elle juge l'état naissant comme irrationnel, fou, scandaleux.

13.

Comment passe-t-on de l'amour naissant à l'amour? A travers une série d'épreuves. Des épreuves que nous nous imposons à nous-mêmes, des épreuves que nous imposons à l'autre, des épreuves que le système extérieur impose. Quelques-unes sont cruciales. Si elles sont surmontées, l'amour naissant progresse sous le régime des certitudes quotidiennes que nous appelons l'amour. Si on ne surmonte pas ces épreuves, quelque chose d'autre survient : le renoncement, la pétrification ou le « désamour ». Quelle que soit la manière dont vont les choses, ces épreuves, en général, s'oublient. Si l'amour naissant devient amour, elles nous paraissent, rétrospectivement, légères, presque un jeu. Le passage à l'amour, dans notre souvenir, s'effectue au fur et à mesure que se remplissent les espaces du quotidien à travers le fait de se consacrer à l'autre, de prendre soin de lui. L'enthousiasme s'éteint doucement dans un dévouement plein de tendresse. Dans la réalité, au contraire, cette sérénité succède toujours à des événements dramatiques dont on ne connaît pas, jusqu'au dernier moment, le dénouement.

Mais les épreuves s'oublient également lorsque l'état amoureux stagne, c'est-à-dire quand l'un ou l'autre, ou tous les deux, ne surmontent pas les épreuves qu'ils s'imposent. Dans ce cas on ne se souvient pas d'avoir imposé une épreuve, mais seulement que l'autre ne nous a pas suffisamment aimé, donc que l'autre, en réalité, ne nous aimait pas.

Ainsi, quand nous surmontons les épreuves, nous projetons en arrière, dans notre souvenir, la continuité de l'amour que nous vivons. Quand nous ne les surmontons pas, nous projetons en arrière la continuité de l'actuelle absence d'amour.

Tomber amoureux c'est connaître une succession d'épreuves. Tout d'abord celles que nous nous infligeons à nous-mêmes. *Les épreuves de vérité.* Une expérience typique de l'amour naissant est celle de pouvoir « se rassasier » de l'autre. Être amoureux c'est aussi résister à l'amour, refuser de céder au risque existentiel de s'en remettre complètement à l'autre. Nous recherchons donc l'être aimé, mais nous désirons nous passer de lui. Souvent, dans les moments de bonheur, nous nous disons : « Voilà, j'ai atteint le maximum que jamais plus je ne pourrai atteindre, maintenant je peux le perdre et être à nouveau ce que j'étais, n'emportant avec moi que le souvenir ; j'ai obtenu ce que j'ai voulu, c'est assez maintenant. » Obtenir le maximum possible et puis s'en passer représente le rêve de la satiété. En un certain sens, nous réussissons à nous abandonner complètement, parce que nous pensons que c'est la dernière fois. Ainsi nous nous soumettons à l'épreuve parce que, après nous être détachés, nous nous apercevons que le désir renaît, que nous continuons à aimer, à désirer désespérément, et nous avons besoin d'une autre « dernière fois ». La « dernière fois » devient aussi un nouveau départ et la nécessité d'un nouveau début. Chaque fois, nous re-tombons amoureux et l'être aimé s'impose à nous comme l'unique objet authentique de l'éros. C'est un combat contre nous-mêmes que nous perdons et nous devons nous rendre. Le fait de devoir se rendre n'empêche pourtant pas qu'il y ait combat et que ce combat soit réel. Notre détachement, qui est réel, provoque des effets réels chez l'être aimé qui sent que nous voulons nous détacher. Et comme lui aussi se soumet à l'épreuve, les deux moments de détachement peuvent coïncider. Il s'ensuit alors des périodes plus longues de distanciation pendant lesquelles nous pouvons accomplir diverses actions qui seront pour l'autre autant de motifs de jalousie ou de preuves de non-amour. Pour pouvoir nous détacher nous recherchons des raisons de le faire. Dans le comportement de l'autre nous cherchons tout ce qui justifie notre détachement : des signes qu'il ne nous aime pas vraiment, des signes qu'il ne nous aime pas autant que nous l'aimons, des raisons pour ne pas croire qu'il puisse nous aimer demain.

Tout cela signifie que nous avons peur de nous livrer sans aucune garantie de réciprocité. Le fait même que l'amour de l'autre nous apparaisse comme une « grâce » imméritée nous remplit de craintes car cette grâce pourrait ne pas survenir à l'instant même où nous la désirons le plus, et où nous ne pouvons nous en passer. Nous voulons donc nous passer de cette grâce, ou chercher à la transformer en certitude, en certitude de réciprocité. Dans les actes de l'autre nous cherchons les preuves de son amour, nous les examinons comme les signifiants d'un amour réciproque : « L'autre a-t-il besoin de moi autant que moi j'ai besoin de lui ? » C'est sous cet éclairage qu'est déchiffré le comportement de l'autre pour définir ce qui est et ce qui sera. La réponse à ce « M'aime-t-il, ne m'aime-t-il pas ? » est cherchée non pas dans l'effeuillement d'une marguerite mais dans les attitudes de l'autre : « S'il agit ainsi, cela signifie que… s'il n'agit pas ainsi cela signifie que… » Dans les faits les plus simples, par exemple s'il arrive en avance ou en retard, s'il regarde ou s'il ne regarde pas une autre personne. Mais leur sens n'est jamais limpide. Il peut arriver en retard, essoufflé, et alors, que cela signifie-t-il ? Qu'il m'avait oublié ? Qu'il a eu du mal à me rejoindre et son retard est alors une preuve d'amour ? D'ailleurs, même quand la preuve est négative, il nous suffit d'une explication, d'un regard, d'une caresse pour nous la faire oublier, pour nous rassurer. Sa sincérité, comme sincérité vécue, est une preuve.

J'ai appelé toutes ces épreuves des épreuves de vérité. Nous ne les imposons pas pour susciter un certain comportement : nous nous les infligeons à nous-mêmes pour savoir si nous aimons ou pas, donc pour connaître la vérité.

Mais il y a une autre catégorie de preuves qui sont de véritables questions posées à l'autre et à travers lesquelles nous lui demandons de changer, de faire des choses qu'il n'aurait pas faites. Ce sont les *preuves de réciprocité*. Quand nous sommes amoureux, nous réorganisons autour de l'être aimé toutes nos affections antérieures, notre travail, toute notre vie. Vouloir ensemble ce que chacun veut profondément implique que nous sommes obligés de changer, que nous sommes obligés de nous séparer de certaines choses que nous voulions auparavant, auxquelles nous attachions de l'importance. Ce qui sera intégré dans le nouvel amour et ce qui en sera exclu n'est pas du tout défini à priori, mais résulte d'une exploration réciproque et permanente. Chacun veut intégrer dans son amour le plus de choses possible et élabore un *projet* qui ne coïncide pas avec celui de l'autre. Chacun demande à l'autre de reconnaître son propre projet. « M'aimes-tu? » signifie donc aussi : « Acceptes -tu d'entrer de cette manière dans mon projet? » L'autre, à son tour, à travers la question « M'aimes-tu? » demande : « Acceptes-tu au contraire d'entrer dans le mien? » « Je t'aime » signifie : « Je modifie mon projet, je passe de ton côté, j'accepte une requête qui vient de toi, je renonce à quelque chose que je voulais; je veux, avec toi, ce que toi tu veux. Mais en même temps, je t'interroge : "M'aimes-tu?" et, par là je te demande : "Qu'est-ce que tu modifies, toi? A quoi renonces-tu, toi?" » Ce « M'aimes-tu? » signifie donc toujours que je demande quelque chose que moi je veux ou que je renonce à quelque chose que toi tu veux. Ce « M'aimes-tu? » demande que tu m'acceptes avec tout le poids de ma réalité et de mes limites, et que tu renonces à tes propres limites. Le projet que chacun fait pour soi implique l'autre : c'est un projet de vie pour l'autre aussi : c'est la proposition de ce que l'on doit vouloir ensemble.

Mais il y a des choses que l'on ne veut pas ensemble, des choses incompatibles. Certaines sont moins importantes, on peut facilement y renoncer, d'autres peuvent être remises à plus tard, d'autres sont essentielles. La recherche de ce que les deux doivent vouloir ensemble les oblige à faire et refaire continuellement des projets, à rechercher continuellement d'autres voies. Mais ils trouvent également des points auxquels ils ne peuvent renoncer car, s'ils ne les réalisent pas, même l'amour perd son sens : ce sont *les points de non-retour*. Dans les projets, faits et refaits, ces points essentiels reviennent toujours, comme des nœuds que l'on ne peut dénouer, que l'autre doit accepter, assumer comme les siens, intégrer dans les structures de son projet car, autrement, il n'y aurait réellement pas de place pour moi, moi et toute la richesse de ma vie. Il prétend m'aimer, mais en fait il n'y a aucune place pour mon moi réel dans son univers imaginaire. Une part essentielle de moi demande à être reconnue et acceptée. Lui, au contraire, l'élude, il veut que je renonce, que je me rende à lui en me perdant moi-même et en perdant le sens profond de ma volonté d'être nouveau, différent, vivant. Par exemple, il dit m'aimer, mais il ne me lie pas à lui dans sa vie, il m'exclut de son travail ; quand il voyage, il ne voyage pas avec moi, il veut me confiner dans un rôle de maîtresse, celle que l'on rencontre de temps à autre, de maîtresse silencieuse et aimée dans l'ombre. Lui, il continue à être lui-même, il ne remet pas en question ses rapports, il les conserve tous. Moi, je ne dois être que son refuge secret, je dois réduire ma vie à attendre qu'il vienne, quand il le souhaite, suivant fidèlement les règles qu'il s'impose. Non, ce n'est pas acceptable, pour moi ce n'est pas une vie. Ce peut l'être pour une autre femme, cela aurait pu l'être dans le passé, pour moi aussi, mais pas à présent. Aujourd'hui, je veux une vie pleine. Alors je lui demande : « Puis-je aller avec toi ? » Ma question est une épreuve. S'il répond non, cela signifie qu'il me rejette là où je ne peux exister.

D'ailleurs, pour lui, le problème est symétrique et inverse. Le système de relations dans lequel il est inséré est édifié sur un équilibre délicat, réparé, réajusté. Si on le heurte brusquement, il peut exploser. Il a besoin de temps pour réorganiser lentement ses affaires, pour trouver un autre travail, pour régler la situation économique de certaines personnes, pour pouvoir prendre soin de ses enfants d'une manière différente. Dans le nouvel amour il trouve la force de refaire son projet d'existence : c'est un asile d'où il repart fortifié, rassuré. Grâce à cet amour, il trouve la force de se modifier lui-même et de modifier la réalité. En effet, il a déjà entrepris un nouveau travail, il a changé de ville et d'habitudes, il a commencé à donner des explications ; peu à peu, il sera disponible et libre, mais, pour l'être, il a besoin de certitudes, il a besoin d'amour. Et cela au moment où on lui demande de décider d'une action, de rompre brusquement avec le passé, de se jeter totalement dans l'inconnu et de risquer ainsi de perdre tout ce qu'il aime et qu'il veut réorganiser autour du nouveau centre de son existence, son nouvel amour. Mais s'il perd tout, même le centre reste vide. Aux rendez-vous, il ne pourra apporter qu'un moi mutilé, incomplet, fait de nostalgie et de sentiment de culpabilité. Il est tout ce qui le constitue et il ne peut abandonner ce tout sans cesser d'être ce qu'il est.

Chacun a connu un point de non-retour : chacun demande à l'autre de renoncer à une chose essentielle, une chose que le nouvel amour a justement rendu essentielle, car cet amour veut réorganiser autour de lui la vie dans toute sa richesse. Chacun demande à l'autre de renoncer à une partie essentielle de lui-même, à ce qui le rend pleinement capable d'aimer. On lui demande, en substance, de détruire son humanité concrète, de se déshumaniser.

Dans le langage théologique, Dieu demande à Abraham la preuve de sa déshumanisation. Il devra tuer ce qu'il aime le plus, son fils aîné, Isaac. C'est un dilemme ; il doit choisir entre deux actes qui rendent chacun le choix impossible, parce que chacun d'eux exige une déshumanisation. Le passage de l'amour naissant à l'amour implique toujours la nécessité d'aimer quelqu'un qui souhaite que l'on devienne un criminel. Aimer oblige à faire confiance à quelqu'un dont le comportement est tel qu'il est objectivement absurde de l'aimer. Le passage de l'amour naissant à l'amour implique que chacun obtienne la preuve de pouvoir être aimé malgré sa déshumanisation. La preuve (de réciprocité) entraîne une lutte dans laquelle chacun demande à l'autre de se rendre sans conditions, de perdre son humanité concrète, la seule qu'il connaisse. C'est un combat entre gens qui s'aiment, mais c'est également un combat à mort. Les images de l'amour ne doivent nullement nous induire en erreur. Celui qui subit l'épreuve lui oppose une résistance désespérée. Et celui qui impose l'épreuve l'impose véritablement et décide dans son cœur que si l'autre n'en sort pas victorieux, il ne l'aimera plus. Chacun veut être aimé bien qu'il semble un monstre et qu'il dise non, chacun veut être aimé bien qu'il inflige des épreuves monstrueuses comme condition à son oui. Mais l'épreuve est toujours réciproque. Dans l'image biblique, Dieu met à l'épreuve Abraham, mais en même temps Abraham met à l'épreuve son Seigneur : qu'arriverait-il, en effet, à Dieu si Abraham tuait son fils ? Il ne serait plus un Dieu d'amour, mais un Dieu cruel, sanguinaire. Dieu soumet également Moïse à l'épreuve quand il lui demande de se jeter dans les flots de la mer Rouge. Mais à cet instant, Dieu aussi est mis à l'épreuve, parce qu'il ne peut dire « jette-toi » et laisser son peuple se noyer dans les flots. Un Dieu qui agirait ainsi serait un mystificateur, un démon.

La clé de la solution réside dans le fait que le point de non-retour est demandé, mais non exigé ; c'est un chèque signé qu'on n'encaissera pas. Abraham est sur le point de tuer son fils, mais Dieu n'exige pas le sacrifice. Tous les deux ont surmonté l'épreuve. Tous les deux ont eu une démonstration, tous les deux ont renoncé à quelque chose d'essentiel, tous les deux ont rencontré et reconnu une limite infranchissable. L'amour ne devient possible que lorsque l'on prend le point de non-retour de l'autre comme sa propre vraie limite, quand on le veut comme sa propre vraie limite.

Quand cela se produit, *le pacte* est conclu. Chacun saura que l'autre ne lui demandera plus ce qu'il ne peut demander. Cette certitude, née du désespoir, constitue le point stable de la confiance mutuelle : *l'institution de réciprocité*. Je sais que j'aime et que je ne peux pas ne pas aimer, je sais que j'ai une limite que je ne puis ne pas avoir et je l'accepte.

L'amour surgit donc autour d'une *institution*, autour d'un pacte. Et le pacte surgit autour d'une limite, de la nécessité de reconnaître que tout n'est pas possible, que l'impossible existe. Ainsi l'amour est-il toujours l'amour de ce que l'on n'avait pas voulu, une alternative de vie à laquelle nous nous étions opposés.

Le processus qu'on vient de décrire n'arrive pas une seule fois, mais plusieurs; chaque fois il rencontre le désespoir et se termine dans un pacte. Les nouvelles certitudes deviennent le point de départ à partir duquel on réorganise l'existence quotidienne. Nulle règle ne permet de prévoir qu'un amour naissant deviendra un amour. Il n'y a pas de règles pour savoir si le dilemme est insoluble ou non. Les projets de vie peuvent être tellement différents qu'ils n'admettent pas de compromis. Chacun exige la déshumanisation de l'autre : s'il l'obtient, il le perd, s'il ne l'obtient pas, il le perd également. Le fait est d'autant plus probable que la différence est grande, donc d'autant plus probable que la passion amoureuse est violente. Cette violence implique, en effet, que plusieurs éléments doivent être bouleversés, réorganisés, refaits.

L'amour naissant le plus intense est celui qui met en jeu le maximum d'existence, de richesse, de responsabilité, de vie. *L'amour est une révolution :* plus l'ordre des choses est complexe, articulé et riche, plus terrible en est le bouleversement, plus difficile, dangereux et risqué le processus. Il arrive souvent que deux personnes, la première menant une existence pleine, la seconde plus favorable au changement car plus libre, tombent amoureuses l'une de l'autre. C'est le cas fréquent d'une personne mariée et d'une autre célibataire, d'une personne mûre et d'une personne très jeune, d'une personne (politiquement ou religieusement) engagée et d'une autre non engagée. Celle qui est la plus entravée, la plus chargée de devoirs, d'éléments à intégrer et à changer est celle pour qui le fait de tomber amoureux est le plus bouleversant. Mais l'autre l'aime justement pour sa complexité qui donne une épaisseur et un sens à sa capacité de se modifier, de projeter une existence nouvelle, à son désir de pouvoir.

Mais la diversité propre à l'amour naissant, sa nature violente rendent difficile sa transformation en un amour stable, en une convivialité sereine et durable. L'amour naît plus facilement lorsque les deux personnes se trouvent dans une situation plus équilibrée, chacune étant assez libre (comme les jeunes et les adolescents) ou lorsqu'elles se sont déjà libérées d'un grand nombre de liens. Paradoxalement, dans ce cas, l'amour naissant est également moins intense car sa tâche révolutionnaire est moindre, parfois il n'y a presque rien à révolutionner.

En cela l'état amoureux est exactement analogue aux grands mouvements collectifs. Il existe des mouvements collectifs qui ébranlent les fondements d'un système social, qui le secouent par des guerres terribles sans que n'émerge un nouveau pouvoir plus stable. Il existe, au contraire, des mouvements collectifs qui très vite s'achèvent par la prise du pouvoir. La Réforme protestante a été un mouvement collectif profond, qui a touché l'Europe entière, mais au cours duquel on ne prit aucune Bastille ni aucun Palais d'Hiver. Tomber amoureux peut donc marquer, bouleverser l'existence d'une personne ou de deux personnes sans que naisse un amour. Un amour au contraire peut surgir sans qu'une passion bouleversante l'ait précédé, mais d'une rencontre sereine, du plaisir d'être ensemble, de la possibilité de pouvoir établir facilement ensemble ce que chacun veut séparément et le pacte qui le transforme en institution.

L'amour naissant, comme tout état naissant, est une exploration du possible à partir de l'impossible, une tentative de l'imaginaire pour s'imposer à l'existant. Plus la tâche est grande, plus long est le voyage, moins probable est l'arrivée. Son histoire se réduit alors à l'histoire de ce voyage et de ses mésaventures, des luttes soutenues, sans qu'il y ait jamais une rive où aborder, un port où festoyer.

14.

En général, celui qui tombe amoureux ignore la jalousie. Quand ce sentiment apparaît, que signifie-t-il alors ?

Amoureux, nous découvrons un être plus important que n'importe quel autre ; nous découvrons que nous l'aimons, que nous le voulons dans son individualité, avec toutes les particularités de son être. Savoir notre amour partagé nous fait percevoir que l'être que nous sommes, si modeste que soit le jugement que nous portons sur nous-mêmes, comparé à ce que sont et ce que valent les autres, détient une certaine valeur. Cette valeur, c'est l'être aimé qui nous la confère, lui qui incarne toute valeur potentielle. Aucun de nous n'imagine être le plus beau, ni le plus intelligent du monde. Aucune de nos qualités, mesurée à l'échelle du monde, ne nous rend préférable aux autres. Face à n'importe quel autre critère de valeur reconnue, ce que nous sommes reste toujours une bien pauvre chose. Pourtant, nous nous aimons, nous nous apprécions car nous ressentons, au plus profond de nous-mêmes, *qu'il existe en nous une valeur, une unicité irremplaçable*. Dans l'amour naissant cette unicité est reconnue. L'être aimé, en nous aimant, aime cette unicité particulière qui est la nôtre. Même quand il nous demande de modifier notre comportement, il reconnaît notre unicité et le changement qu'il souhaite n'est qu'une nouvelle éclosion de cette unicité, une nouvelle floraison, un passage à l'acte de la puissance virtuelle. De même que nous trouvons dans la personne aimée un signe particulier, le pli de sa bouche, son odeur ou son parfum, le galbe de son sein, la courbe de ses cuisses, ses mains, sa façon de regarder, un certain vêtement, les objets qu'elle aime, les livres qu'elle lit, de même l'autre trouve en nous quelque chose qui symbolise tout ce qu'il y a de plus beau. Et cela nous rend heureux. Si la personne aimée apprécie également d'autres activités : voyager ou rester chez elle, contempler ou parler, nous cherchons à aimer ce qu'elle aime, à le partager avec elle.

La jalousie interrompt ce processus, l'inverse et le projette à l'extérieur. Est jaloux celui qui s'aperçoit — à tort ou à raison, pour l'instant cela importe peu — que la personne aimée trouve en quelqu'un d'autre une qualité semblable à celle que lui-même trouve dans la personne aimée : un détail ou un geste, une habileté ou une disposition. Il m'amuse, il sait me rendre gaie, il est beau, il est jeune, ou bien il est intelligent. Dans la jalousie, nous découvrons donc que la personne que nous aimons est attirée, charmée, par un don que nous n'avons pas, et que quelqu'un d'autre possède. Nous ne sommes jamais jaloux d'une chose, d'un animal, ou d'une profession, mais seulement d'une autre personne. D'une autre personne qui, à nos yeux, détient quelque chose qui exerce une fascination irrésistible sur l'être que nous aimons. Un attrait irrésistible, analogue à celui que l'autre exerce sur nous et que nous, si l'autre nous aimait totalement, exercerions sur lui. Nous découvrons dans la jalousie que l'aimé, pour réaliser ses désirs, dépend de quelque chose qu'un autre possède et nous non ; que l'autre, et pas nous, détient une qualité à laquelle l'aimé accorde de la valeur. La jalousie se révèle également comme une faiblesse de la personne aimée, une faiblesse à l'égard d'objets qui ne devraient pas avoir de prix et qui au contraire en ont à ses yeux. Par exemple, elle aime les voitures et elle est fascinée par les pilotes. Moi, qui n'en suis pas un, moi qui ai découvert justement à travers l'amour qu'être pilote n'a aucune valeur (et ne peut pas en avoir, puisque moi je ne suis pas pilote), je trouve le rapport inversé. Ce penchant de la personne aimée pour une aptitude que je n'ai pas, pour une aptitude qui ne devrait avoir pour elle aucune valeur, dévalorise ce que je suis et annule complètement ma propre valeur.

L'amour naissant est envahi par quelque chose d'extérieur, par un pouvoir étranger qui abolit les critères de valeur. Et qui, donc, annule l'amour naissant comme fait bilatéral. Voilà pourquoi la jalousie ne peut exister dans l'amour partagé, pourquoi, à l'extérieur, il ne peut rien y avoir qui soit susceptible d'exercer pareille attraction. Le monde extérieur est contingent et le contingent ne peut prévaloir sur le réel, ni l'éphémère sur l'être. Bien sûr, un doute peut naître, comme une fissure qui s'élargit dans les moments de séparation, et surtout comme une justification de notre volonté de nous séparer. « Ce n'est pas la peine de faire une tentative, il désire autre chose, je n'ai rien à lui donner. » Mais ce doute est bien vite balayé par la reconnaissance mutuelle.

Dans l'état naissant, aucune valeur extérieure ne peut être supérieure à celles de l'amant et de l'amante. Dans l'amour partagé, les intérêts de l'être aimé, les enthousiasmes qu'il manifeste, sa gentillesse envers les gens, son succès, deviennent des qualités qui le rendent aimable, qui confirment sa valeur, et donc sa sincérité, sa transparence, tout ce qu'il est. Mais lorsque cette activité, ces rencontres avec d'autres personnes, ce succès, deviennent un obstacle à la fusion des projets de vie, ils apparaissent comme le signal d'une divergence, ils acquièrent un sens négatif. Même dans ce cas, nous n'éprouvons pas de la jalousie. Mais de la tristesse car nous nous sentons négligés, car nos questions restent sans réponse, car le futur nous paraît difficile, car nous devons décider de changer. Nous sommes alors dans le domaine des preuves dont nous avons parlé précédemment, et non dans celui de la jalousie.

Si la jalousie apparaît dans l'amour naissant, cela signifie alors que l'un des deux partenaires, en réalité, ne veut pas tomber amoureux ou qu'il n'est pas amoureux. Si la jalousie est injustifiée — car l'autre est réellement amoureux — la jalousie traduit alors notre peur, notre volonté de ne pas aimer, notre volonté de ne pas croire, notre volonté de ne pas nous ouvrir en confiance à l'état naissant. En réalité, l'aimé ne trouve rien d'irrésistible dans un autre ni dans les autres : ils n'ont aucun pouvoir sur lui. Nous percevons ce pouvoir car nous n'avons aucune confiance en notre moi, nous ne croyons pas à la valeur de notre individualité. C'est nous, pas l'autre, qui établissons des comparaisons avec le monde, c'est nous, pas l'autre, qui acceptons comme critère de valeur ce qui relève de la non-valeur et de la contingence. Il y a des êtres peu sûrs d'eux-mêmes, si douloureusement éprouvés par la vie, qu'ils ne peuvent croire qu'ils valent quelque chose en tant qu'individus. Ils participent aux expériences extraordinaires de l'état naissant, mais ils ne croient pas pouvoir en être l'objet. Les autres — et les autres seulement — sont doués de charisme. Dans la jalousie, ils reconnaissent aux autres seulement ce qu'ils ne peuvent reconnaître en eux-mêmes.

Prenons le cas d'un amour unilatéral, l'un qui aime vraiment, l'autre qui n'aime pas. Celui qui n'aime pas peut être attiré par un autre, par quelque chose qu'un autre possède, et que ne possède pas celui qui aime. Eh bien, même en ce cas, au début, celui qui est amoureux n'éprouve pas de jalousie. Puisqu'il se trouve dans l'état naissant, il ne peut comprendre qu'une autre personne possède, aux yeux de son aimé, quelque chose chargé de valeur : le monde reste pour lui contingent. Il sent bien que l'être aimé est attiré par un élément sans valeur, qu'il désire un objet sans valeur. Mais c'est justement parce que cela n'a pas de valeur, qu'il ne s'en préoccupe pas beaucoup, et il tend à le négliger jusqu'au moment où s'impose à lui le seul problème qui compte : « Celui que j'aime, m'aime-t-il ou ne m'aime-t-il pas ? Si ces objets sont importants pour lui, si cette personne lui est indispensable, s'il la préfère à moi, cela signifie donc qu'il ne m'aime pas. Il aura pour moi un sentiment de tendresse, il aimera ma compagnie, mon corps ou mon intelligence, mais il ne m'aime pas. » La force de l'état naissant est encore très vive ; il ne doute pas des qualités de son propre amour ni donc de lui-même ; il doute de la qualité de l'amour de l'autre et doit choisir de continuer à l'aimer sans espoir ou de chercher à ne plus l'aimer : se détacher, tout en sachant qu'il l'aime encore et affronter ainsi l'horrible période de la perte de l'objet d'amour : *le suicide psychique*. Tout d'abord, il essaiera de lutter, de conquérir l'autre par le charme, par le chant, par de multiples soins, par un dévouement à toute épreuve, se transformant lui-même de mille manières mais, quand il aura compris que l'autre ne l'aime pas, il n'aura plus qu'à empoigner l'épée pour trancher ses liens. La force qui lui reste lui permet de couper ses mains qui se tendent vers l'aimé, d'aveugler ses yeux qui le cherchent partout.

Peu à peu, pour ne plus désirer la personne qu'il a aimée, il devra trouver en lui-même des raisons de se libérer de cet amour, il devra chercher à reconstruire ce qu'il a vécu, investissant de haine tout ce qui a été. Par la haine il tentera de détruire le passé, mais cette haine est impuissante. Le passé est désormais devenu le « ainsi fut-il » inaccessible à sa volonté. Dès qu'il décide de renoncer, les forces extraordinaires de l'état naissant cessent instantanément d'opérer.

Il doit accomplir la faute absolue qui consiste à détruire ce qui est le fondement de toute valeur, de toute espérance. Alors, tout désir l'abandonne et le moi, qui a perdu sa dimension ontologique, est repoussé dans l'univers des apparences. Rien n'a plus de valeur, rien n'a plus de sens. Pour agir, il ne peut que copier les gestes des autres, les gestes quotidiens tels qu'il les voit, répéter ce qu'il sait, faire preuve de sentiments qu'il avait appris, prononcer des mots vidés de leur contenu ; c'est la *pétrification*. Le seul sentiment vrai, profond qu'il éprouve, marqué du sceau douloureux de l'authenticité, est la *nostalgie*, la nostalgie d'une réalité perdue. Et pour se défendre de la nostalgie, il est contraint de se battre avec le passé, d'alimenter en lui le ressentiment et la haine. Il avait connu le bien, l'être qui dit oui ; le mal, alors, était seulement ne pas être. Maintenant il doit *construire le mal comme être*, l'être qui dit non, le mal comme la puissance du négatif.

Abordons maintenant le dernier problème. Une personne amoureuse sera-t-elle plus douloureusement frappée si l'être qu'elle aime lui annonce qu'il est tombé amoureux ou, simplement, que quelqu'un lui plaît, peut-être même personne en particulier, mais que, en tout cas, il préfère d'autres à lui ? La seconde supposition sera, certainement, l'épreuve la plus dure. En effet, on ne doit pas oublier que la structure catégorielle de l'état naissant est la même, même si l'objet d'amour est un autre. Celui qui est amoureux est donc immédiatement porté à se reconnaître dans une autre personne amoureuse, même si celle-ci le quitte pour un autre. Il comprend profondément l'amour de l'autre et, quelle que soit la douleur qu'il puisse en éprouver, il le respecte. L'amour qu'il éprouve l'amène à comprendre l'autre, à lui témoigner de la sympathie, à vouloir son bonheur. L'événement à travers lequel il perd l'autre revêt pour lui les caractères de la nécessité ontologique. Il sait qu'aucune volonté ne peut plus jouer. Il pensera alors au suicide pour libérer lui-même et l'aimé d'un poids intolérable. S'il est entouré d'autres êtres chers, il choisira au contraire de vivre, de se consacrer à ceux qu'il aime. Dans l'impossibilité d'insuffler de la vie aux choses nouvelles, d'obtenir quelque satisfaction pour lui-même, il essaiera de donner aux autres une parcelle de la vie à laquelle il a goûté. Il est encore, à ce moment-là, imprégné de l'énergie extraordinaire puisée dans l'état naissant ; il a en lui, malgré l'angoisse de l'impossible, une force d'ablation extraordinaire. Il souhaite le bonheur de l'être dont il est amoureux et il s'écarte pour le lui laisser ; il veut le bonheur de ceux qu'il aime et se consacre à eux. La force extraordinaire qui est en lui le pousse à un dernier acte héroïque : *donner à quelqu'un d'autre l'origine de sa vie et de son espérance*. Puis, cette énergie extraordinaire disparaîtra et cédera la place à la pétrification.

Examinons le cas contraire : l'être aimé, tout à coup, dit à la personne qui l'aime : « Plutôt que faire l'amour avec toi, je le ferai avec le premier venu. » Ce coup frappe l'amour dans ses fondements et dans ses valeurs. L'âme, alors, est envahie par une tristesse infinie car tout ce qui possède de la valeur est nié, et tout ce qui en est privé est exalté. Confronté aux deux mondes, celui de la réalité, de l'être, et celui de l'apparence, l'aimé choisit celui de l'apparence, méprise et insulte l'autre. Ce qui était sacré se révolte contre le sacré et accomplit le sacrilège le plus infâme. Nul amour ne peut se terminer plus mal car, après les phases douloureuses de la pétrification et de la haine, il ne reste plus la nostalgie de l'autre, mais seulement celle de l'amour naissant ressenti comme souillé par quelqu'un qui restera indigne à jamais.

La jalousie — le fait de ne pas réussir à donner à l'aimé ce que quelqu'un d'autre peut au contraire lui donner — est d'autant plus probable que la distance entre les deux personnes est grande, que la différence entre leurs mondes et leurs habitudes est accusée.

Pourtant, dans certains cas, la jalousie apparaît car même dans l'amour naissant s'établit une limite qu'aucun des deux ne peut franchir. Par exemple, dans l'amour homosexuel. La phénoménologie de l'état amoureux homosexuel est absolument identique à celle de l'état amoureux hétérosexuel. Les catégories de l'état naissant sont, en effet, les mêmes. En lisant une page d'amour, on ne peut donc savoir si elle est écrite par un homosexuel ou un hétérosexuel, parce que la nature de l'amour naissant en est identique. Dans son admirable essai, Roland Barthes[1], qui fut homosexuel, tire ses exemples et son langage de la littérature universelle sur l'amour et s'adresse directement à n'importe quelle personne amoureuse. Mais l'amour naissant homosexuel contient quelque chose qui rend plus difficile le passage à l'institution, c'est-à-dire à l'amour. Les résistances de la société, de la culture et leur mépris. L'amour naissant hétérosexuel est une figure reconnue des mouvements collectifs. La culture prévoit, au moins dans certaines situations, des institutions qui assurent la transition à l'amour, par exemple les fiançailles. Il n'en est pas ainsi pour les homosexuels qui sont plus durement frappés par la réprobation et réduits encore plus sévèrement à une pure sexualité animale. La pression culturelle est si forte que les homosexuels montrent une très grande pudeur à parler de leur amour et ce sont souvent eux-mêmes qui, par un mécanisme de défense, accentuent la vulgarité de leur langage. Mais la raison la plus profonde qui explique que l'amour homosexuel soit plus difficile, plus spasmodique et, dans des cas assez fréquents, plus tour-

1. Roland Barthes, *Fragments d'un discours amoureux*, Éd. du Seuil, 1977.

menté par la jalousie, réside dans le fait qu'il ne peut se transformer en un amour stable de couple à travers un enfant. Cet amour interdit *a priori* d'engendrer un enfant. Chacun des deux amoureux peut avoir un enfant d'une personne du sexe opposé. L'homosexuel éprouve toujours, au fond de lui-même, ce danger, cette jalousie. N'oublions pas que l'homosexualité, surtout chez les jeunes, est souvent une expérience brève. Celui qui aime un jeune garçon sait que son aimé, un jour, pourra désirer une personne du sexe opposé et surtout vouloir un enfant que lui ne peut lui donner. La pression culturelle, l'existence de l'autre sexe qui constitue une menace permanente, l'impossibilité de donner un enfant, font que l'amour homosexuel tend souvent à rester ce qu'il est, un amour naissant, et ne réussit pas à devenir un amour serein, durable. Il y a donc en lui une certaine anxiété, une certaine tristesse susceptibles d'inspirer — en certains cas — une admirable poésie.

15.

On peut se croire amoureux, et ne l'être pas du
tout. On peut éprouver une forte attirance érotique
pour quelqu'un, penser sans cesse à lui, passer avec
lui des heures heureuses et puis, au bout d'un
certain temps, perdre cet intérêt car au fond, il est
satisfait. On peut, également, s'attacher à une personne et la désirer intensément car beaucoup
l'admirent. La possibilité d'être aimé ou, mieux,
préféré, nous flatte, nous fait ressentir un désir et
une ivresse que nous appelons l'amour. D'autres
cas peuvent avoir la déception comme mobile ; un
amour empoisonné par la jalousie et par le désap-
pointement nous incite à chercher un remplaçant,
quelqu'un avec qui vivre un nouvel amour. Cela
peut être encore l'attrait du pouvoir, le succès, le
fait d'être admiré ou envié aux côtés d'une personne riche ou puissante. Enfin, le besoin d'échap-
per à l'ennui et à la banalité.

Les vacances, en créant une occasion de vie
différente et extraordinaire, prédisposent spéciale-
ment à une expérience extraordinaire qui, pourtant, ne peut aller au-delà de cet espace et de ce
temps. La personne que nous admirions et adorions

pendant les vacances, revue dans le cadre de la vie quotidienne, nous apparaît déplacée, terne. L'amour est une révolution de l'ordonnance structurelle, quotidienne, et non pas une période de vacances dans le quotidien. L'extraordinaire peut apparaître, certaines fois, sous la forme de quelqu'un venu de loin pour un temps limité. Puisqu'on sait qu'il s'en ira, on « tombe amoureux à terme », un peu comme si on était en vacances, car on sait que cette rencontre n'aura pas de suite.

Les exemples pourraient continuer. Ils ne nous intéressent que pour expliquer pourquoi certaines personnes cessent, si facilement, d'être amoureuses. En réalité, elles ne l'ont jamais été. Elles ont utilisé le langage de l'amour-passion, c'est-à-dire celui de l'état naissant, pour amplifier et mieux goûter une expérience qui, sans cela, aurait été fade. Ces « amours » entretiennent avec l'amour naissant le même rapport que celui de la fête avec la révolution. La fête est caractérisée par des excès, par le renversement des habitudes quotidiennes, c'est une transgression, c'est un événement marqué par le sens de l'exceptionnel et de l'extraordinaire. Mais elle se distingue de la révolution car elle n'a aucune incidence sur les structures sociales. Tout ce qui dans la révolution est risque est ici prévu, calculé. La fête a un début et une fin fixés à l'avance, elle est assujettie à des règles déjà éprouvées. Tout ce qui survient se déroule dans des limites institutionnelles. La fête est un « comme si »; elle ne peut bouleverser les structures sociales; la fête terminée, tout est terminé.

On entend certaines personnes dire qu'elles sont amoureuses d'un tel, puis de tel autre, qu'elles s'éprennent de quelqu'un chaque mois, chaque année. En réalité, dans la vie, l'amour comme toutes les transformations radicales, ne peut apparaître que quelques fois ou même jamais.

Cette prolifération du mot amour nous explique pourquoi il arrive si souvent que l'un des deux amoureux aime plus que l'autre. Presque toujours, dans ces cas, la rencontre survient entre une personne qui tombe vraiment amoureuse, qui entre donc vraiment dans l'état naissant, tandis que l'autre se jette dans l'aventure par attirance érotique, par admiration, par vengeance, par déception, par goût du prestige, par jalousie, parce qu'elle est en vacances, pour n'importe quelle autre raison, sans qu'existent les conditions préalables à l'amour. Nous avons dit, précédemment, que l'amour naissant a la propriété de communiquer à l'extérieur son enthousiasme et son langage. Donc celui qui est amoureux offre à l'autre son langage et l'entraîne dans son état. Ainsi renforce-t-il dans l'autre illusion d'être lui aussi amoureux. Celui qui l'est réellement agit dans la spontanéité et dans la vérité et tend à attribuer à l'autre son propre comportement, spontané et totalement sincère. Si l'autre veut jouer le jeu, il peut le faire. Il suffit d'être tendre, de dire de petits mensonges. Il est tellement facile de rassurer celui qui est profondément amoureux ! Justement parce qu'il est moins spontané, plus contrôlé, justement parce qu'il mène le jeu et manipule les choses, celui qui n'est pas amoureux est capable de saisir, chez celui qui aime, toutes ses faiblesses, ses tentatives maladroites de séduction, ses naïvetés. Il ne voit pas celui qui aime avec les yeux transfigurés par l'amour, mais avec les yeux froids et lucides de tous les jours. Ces excès de passion, cette tension désespérée, cet incessant besoin d'être rassuré et, en même temps, cette incroyable cruauté, semblent à celui qui n'aime pas des exagérations puériles, des signes d'immaturité. Le fait que l'autre reconstruise sans cesse son propre passé, qu'il change continuellement et explore toutes les voies possibles, lui donne une impression de superficialité, de fragilité. Ses crises lui paraissent hystériques, son dilemme une ignorance de ce qu'il veut et une faiblesse de son caractère.

Si celui qui aime est un esprit créatif, les créations de son imaginaire dans lesquelles l'existence est en permanence transformée en rêveries, en symboles, en poésies, lui donnent une impression de mégalomanie et d'artifice. En un mot, celui qui n'aime pas trouve la personne vraiment amoureuse, inconstante, changeante, anxieuse, crédule, exagérée, mégalomane et, au fond, pas sincère. S'il éprouve une certaine tendresse, il lui proposera son projet de vie d'une manière linéaire, il ignorera les doutes, les dilemmes et considérera les doutes et les dilemmes de l'autre comme des rêves morbides. Il s'irritera, l'accablera de reproches, lui demandera de choisir clairement et de ne pas perdre de temps en bavardages. Cependant, il lui cachera ses vraies pensées, ses vrais doutes, il se comportera comme si l'autre pouvait revenir à la raison et, un beau jour, quand il aura trouvé sa compagnie trop ennuyeuse ou trop dramatique, il cherchera des prétextes pour pouvoir lui faire des reproches, il l'accusera de manquer d'attentions, de n'être pas capable de le comprendre. Et pour conclure sur cette lancée, il lui dira que cela ne peut plus continuer car il ne se sent pas aimé comme il le voudrait, qu'il cherche donc quelqu'un qui sache l'aimer « vraiment ». C'est la forme la plus fréquente du « désamour ». Donc la révélation de quelque chose qui n'avait jamais existé.

Dans certains cas, l'amour bilatéral avait réellement commencé. Celui qui cesse d'être amoureux est alors celui qui, dans le silence, avait élaboré son propre projet et qui, toujours dans le silence, avait imposé des « épreuves » et considéré les demandes de l'autre comme des épreuves. Puisque tout était mené dans le *silence*, l'autre n'en avait pas compris la portée. Il avait ainsi dépassé le point de non-retour et s'était présenté comme un criminel ; on se perdrait soi-même si on l'aimait.

Par silence, j'entends ici que non seulement l'on n'a rien dit sur la nature de son projet, ni sur ses doutes, que l'on n'a pas révélé ses pensées intimes, mais surtout que l'on a caché son propre *désespoir*, lorsque le point de non-retour a été atteint.

Par contre, un être qui aime vraiment s'aperçoit que l'autre est arrivé à un point de non-retour au désespoir qu'il témoigne. Alors il s'arrête. Pourtant, certains vivent les sentiments qu'ils éprouvent comme une faiblesse. Pour eux, révéler son angoisse intérieure, son désespoir, équivaut à se livrer pieds et poings liés à l'autre. Ainsi, lorsqu'ils se trouvent confrontés à un point de non-retour, ils ne disent rien, ils n'expliquent rien, ils ne supplient pas, ils ne désespèrent pas. L'autre alors ne comprend pas et l'on ne voit pas, d'ailleurs, comment il pourrait comprendre.

Peut-on dire que ce manque de confiance, cette crainte de manifester ses propres émotions prouvent que cette personne ne vivait pas un état naissant ? Certes, elle témoigne d'une forte résistance à l'abandon, d'un besoin de certitude et de sécurité qui n'ont rien à voir avec l'amour naissant. Mais entrent également en jeu ses expériences personnelles, ses déceptions et parfois l'absence d'occasion. Nous cherchons tous à nous défendre contre l'amour ; dans le cas présent, la défense est plus vive et atteint son but. L'épreuve, donc, est douloureuse et sincère. L'échec de l'épreuve conduit à la pétrification, à la haine, à la nostalgie.

Mais la situation est diamétralement opposée à celle décrite au chapitre précédent. En effet, on continue à l'aimer. Chaque fois qu'il se sent totalement vide, lui parviennent le son des mots de celui qui l'aime, le contenu de ses lettres, sa gentillesse éplorée, mais toujours prête à se manifester avec empressement et anxiété. Cette personne peut toujours faire un pas en arrière, alléger sa douleur. Elle vit l'expérience de la solitude, mais elle peut la supporter plus facilement car son partenaire continue à être amoureux d'elle, il lui donne continuellement des preuves d'amour — insuffisantes, certes, car elle a désormais décidé dans son cœur ce qu'elle veut — mais néanmoins douces. Elle n'aime plus, car elle n'a plus confiance, mais il lui est agréable de se sentir aimée et surtout, il lui est agréable de sentir qu'elle exerce un pouvoir sur celui qui l'aime. Un immense pouvoir grâce auquel elle oblige l'autre à l'accepter telle qu'elle est, un pouvoir grâce auquel en humiliant l'autre elle se libère de son passé, se prépare à voir d'autres choses, à chercher d'autres choses, un nouvel amour peut-être. L'amour de l'autre, amour sincère, profond et de plus en plus désespéré, lui sert ainsi à renforcer ses propres décisions jusqu'au moment où elle n'aura plus besoin de l'autre.

Tel est, en substance, le vrai « désamour ». La

tentative de séparation réussit, les épreuves s'imposent en temps opportun, la décision unilatérale d'abandon s'accomplit. La séparation est menée en présence de l'être que l'on a aimé, et qui, lui, est encore amoureux. Sur cet être sans défense, s'exerce le pouvoir amer de la vengeance. Tâche facile, car sa capacité d'endurance est immense. Lorsque, désespéré, il comprendra et se détachera, ce sera pour lui la pétrification totale. Par contre, celui qui « a cessé d'être amoureux » aura retrouvé la liberté.

16.

L'amour naissant, qui est l'avènement de l'extra-ordinaire, peut s'achever dans la banalité. Rappe-lons qu'il est, à la fois, nécessité de fusion et d'individuation ; qu'il est une recherche de ce qui est essentiel pour chacun, mais que les deux projets individuels diffèrent et s'opposent. L'amour nais-sant s'alimente de cette tension différentielle qui doit devenir unique. L'amour naissant exige des changements justement parce que les deux per-sonnes sont différentes et qu'elles désirent épa-nouir pleinement leur personnalité, réaliser ce qu'elles souhaitent le plus profondément et, à la fois, le faire ensemble. Quand on est amoureux, on recherche le sens de son propre destin. Dans cette rencontre et cet affrontement des projets, l'un des deux partenaires peut nourrir en lui un espoir qu'il a déjà cherché maintes fois à réaliser sans jamais y parvenir. En retrouvant cette espérance, se réveillent donc en lui les anxiétés, les mécanismes de défense, les peurs qu'il a déjà vécus. Il la souhaite, mais en même temps il la redoute et cherche à s'entourer de toutes les précautions. Il veut la diversité de l'autre car c'est justement la diversité qui l'attire car elle lui ouvre des perspectives de vie nouvelle, mais en même temps il tente de la limiter pour se rassurer. Cette vitalité impétueuse lui fait peur, il la veut, mais bridée.

Lorsqu'on tombe amoureux l'autre apparaît toujours plein d'une vie débordante. Il est en effet l'incarnation de la vie dans l'instant de sa création, dans son élan, la voie vers ce que l'on n'a jamais été et que l'on désire être. L'aimé est donc toujours une force vitale libre, imprévisible, polymorphe. Il est comme un superbe animal sauvage, extraordinairement beau et extraordinairement vivant. Un animal dont la nature n'est pas d'être docile mais rebelle, n'est pas d'être faible, mais fort. La « grâce » dont nous avons parlé est le miracle qu'une telle créature devienne douce à notre égard et qu'elle nous aime. L'aimé attire, plaît, justement parce qu'il est une force libre et libératrice, mais aussi imprévisible et redoutable. Voilà alors que, dans le processus des « épreuves » qui conduisent à l'amour, celui des deux qui est le plus timoré impose à l'autre, comme épreuves, de multiples limites, de multiples petits renoncements tous destinés, au fond, à rendre l'autre docile, sûr et inoffensif.

Et l'autre, peu à peu, accepte tout cela. Il avait des amis, il renonce à sortir avec eux ; il voyageait, il reste à la maison ; il aimait sa profession, il la néglige pour se consacrer à l'aimé. Pour ne pas troubler l'aimé, insensiblement, il se dépouille de tout ce qui peut l'inquiéter. Il ne s'agit que de nombreux petits sacrifices, aucun d'eux n'est important, aucun d'eux ne franchit un point de non-retour.

Celui qui est amoureux abandonne volontiers,

volontiers il change de comportement car il désire que celui qu'il aime soit heureux, il s'efforce de devenir ce que l'autre veut qu'il soit.

Peu à peu, il devient *domestique*, disponible, toujours prêt, toujours reconnaissant. Ce faisant, la superbe bête sauvage se transforme en un animal domestique, la fleur tropicale, arrachée à son milieu, s'étiole dans le petit vase posé sur la fenêtre. Et l'autre, qui lui a imposé cette métamorphose car il voulait être rassuré, car il avait peur du nouveau, finit par ne plus trouver en lui ce qu'il avait cherché et découvert. La personne qui lui fait face n'est plus celle d'autrefois, celle dont il était amoureux justement parce qu'elle était différente et pleine de vie. Il lui a demandé de se modeler sur ses peurs et à présent il se trouve confronté au résultat de ses peurs, de son néant, et il ne l'aime plus. C'est une chose fréquente chez les hommes mûrs qui tombent amoureux d'une jeune fille et, donc, tombent amoureux de sa jeunesse, de ses potentialités. Mais ils la redoutent et ils demandent ainsi à cette jeune fille de renoncer à son travail, à ses amis, à jouer la coquette, à être brillante, jusqu'à en faire un être serviable et insipide pour s'apercevoir, alors, qu'ils désirent une autre jeune fille : celle qu'ils ont détruite.

L'exemple n'est pas choisi par hasard, car ce sont surtout les femmes qui subissent cette violence et s'adaptent à ce rôle. Désirées tant qu'elles sont libres, car elles expriment la force de la liberté, elles sont ensuite enfermées entre les murs domestiques, dans les harems, à l'intérieur de limites innombrables, entourées d'une jalousie qui n'est que le reflet de la peur de vouloir ce que l'on veut ; elles sont contraintes de devenir le banal quotidien, le lieu où finit — par définition — non seulement l'amour naissant mais aussi l'amour.

Le besoin de banaliser l'autre, de lui enlever sa spécificité et sa diversité, de lui arracher les forces vitales existe aussi chez la femme. Elle l'a, en partie, appris au cours des siècles, par l'homme. Obligée à devenir un animal domestique, pour se défendre, elle n'a pu faire autre chose qu'imposer à l'homme le même sort. Une insécurité profonde l'incite à chercher des sécurités faciles, contrôlables et il n'y a rien de plus facile ni de plus contrôlable qu'une personne privée d'élan vital, qu'une personne qui répète l'identique, le déjà connu. Ainsi arrive-t-il que tous les deux, effrayés d'avoir voulu vivre intensément, glissent rapidement dans l'ennui, la rancœur et la déception. Ils s'y précipitent même, s'imaginant trouver, à travers mille garanties et mille limites, ce « ils vécurent heureux et tranquilles » qui n'existe pas. Ensuite, ils ressassent leurs déceptions et leurs désillusions et cultivent dans le rêve ce qu'ils avaient entre leurs mains et qu'ils ont détruit.

C'est peut-être selon ce scénario, le plus fréquent, qu'un amour naissant s'éteint peu à peu. Mais il y en a d'autres. L'un dérive du fait que quelque chose qui est beau dans l'extraordinaire devient insupportable dans le quotidien. Plusieurs personnes tombent amoureuses de quelqu'un qui jouit de la considération sociale. Parce qu'il est, par exemple, chanteur ou pianiste, ou boxeur ou moniteur de ski ou écrivain. Prenons le cas d'un pianiste. Ici, l'extraordinaire réside dans le succès musical, dans le monde qui gravite autour de cette activité, le monde du spectacle qui est, socialement, extraordinaire. Vivre avec un pianiste est toutefois autre chose. Et il en est ainsi pour toutes les professions de ce genre car, dans l'intimité, elles sont faites de discipline, d'épreuves, de recherche continuelle d'une ligne d'arrivée, d'un résultat, d'une perfection. Le public ne voit pas toute cette recherche et cette routine et l'amoureux, lui-même, est ébloui par la performance et ne pense pas à ce travail humble, obscur, dont il devra comprendre la nécessité et auquel il devra apprendre à participer sans en être le protagoniste. Aussi la déception est-elle inévitable.

Mais ces phénomènes se vérifient même devant des qualités non professionnelles. Certains hommes, par exemple, sont attirés par des femmes vives, entreprenantes, brillantes, actives, puis ils découvrent qu'elles les étourdissent, les dominent. D'autres tombent amoureux de femmes maternelles, pleines de sollicitude, qui prennent soin d'eux comme d'un enfant. Ensuite, ils se sentent contrôlés comme des bambins.

Examinons maintenant un autre cas : posons-nous des questions que beaucoup se posent. Est-il vrai que l'on tombe plus facilement amoureux de quelqu'un qui oppose de la résistance, qui se fait désirer ? Est-il vrai que, devant choisir entre deux personnes, on ne choisit pas celle qui nous aime, mais que l'on tombe amoureux, au contraire, de celle qui se dérobe ? C'est une opinion très répandue qui correspond à une part de vérité, mais à une part minime seulement. La vérité la voici : l'amour naissant veut la diversité et l'extraordinaire. Une personne qui est sur le point de tomber amoureuse s'éprendra difficilement d'une autre qui depuis longtemps l'aime et lui fait la cour. Elle la connaît déjà, elle a déjà exploré cette alternative. Aussi l'état naissant, en tant qu'exploration du possible, ne peut naître en elle, car l'autre fait déjà partie du passé, de la contingence. Cette personne ne choisira cette solution que si elle venait à être déçue dans sa recherche, si elle n'était pas payée de retour. Seulement alors, elle retournera à son passé et se réfugiera auprès de l'être qui l'aimait déjà, sûre de trouver en lui cette disponibilité et cette compréhension qu'elle n'a pas trouvées chez la première. Pourtant, de cette première personne, elle n'est pas tombée amoureuse parce qu'elle s'est dérobée, mais seulement parce qu'elle était nouvelle, différente, inconnue, ouverte au possible. En retournant vers la seconde qui l'aimait déjà, elle renonce à l'exploration du possible et donc, en substance, à l'amour naissant. Ce faisant, elle ne retombe pas amoureuse ; elle peut croire qu'elle l'est, elle peut aimer, elle peut sans doute vivre toute sa vie avec cette personne, mais il s'agit d'amour, et non pas d'amour à l'état naissant. Si elle se convainc qu'elle est amoureuse, elle découvrira, après un certain temps, qu'elle ne l'est plus. En réalité, elle découvre ce qui était déjà vrai bien auparavant et qu'elle avait cherché à ignorer.

Passons maintenant au dernier cas : celui d'un amour naissant qui s'éteint. Celui d'un individu qui a dépassé, peut-être sans même s'en rendre compte, un point de non-retour. Personne ne sait où se situe un point de non-retour. Les seuls signes en sont une révolte intérieure, un désespoir, l'anticipation — parfois de quelques heures — de la pétrification. Mais il arrive que le point de non-retour soit masqué, qu'un élan de générosité le dissimule, ou que l'autre laisse comprendre que les choses changeront un jour.

Réfléchissons au cas d'une femme qui travaille : elle aime sa profession mais l'homme qu'elle aime lui demande d'y renoncer car il a besoin, pour son travail, de se déplacer et là où il se rend il n'y a pas de travail pour elle. Dans un tel cas, la femme peut accepter et espérer qu'ensuite il lui sera possible de reprendre son travail. Cet homme peut lui dire qu'il s'agit seulement d'une courte période et que tout changera après. Quoi qu'il en soit, reste le fait que le point de non-retour est dépassé, la femme a abandonné son travail, compromis sa carrière, elle a suivi cet homme ; elle s'aperçoit, peu à peu, qu'elle n'a plus d'intérêt, qu'elle n'a plus de force vitale, qu'elle désire de plus en plus ce qu'elle a quitté. Son amour s'éteint.

Parfois, ce sont les petits événements de la vie qui font réapparaître comme point de non-retour ce que l'on avait mis entre parenthèses ou reporté à plus tard. Une femme peut avoir désiré passionnément un enfant et, pour ne pas détruire son amour, y avoir renoncé le remettant à un autre moment. Mais, autour d'elle, les événements se précipitent : son père meurt, sa mère aussi, elle découvre qu'elle vieillit et voilà que, face aux puissances négatives, son pouvoir de créer la vie acquiert une valeur nouvelle. Avoir un enfant signifie vaincre la mort. Ce qui, auparavant, avait été relégué devient urgent, devient un élément essentiel du projet. Le pacte — d'où l'amour avait surgi — est remis en question ou transgressé, le dilemme explose à nouveau et, cette fois-ci, il ne pourra être écarté. Ce besoin essentiel exige d'être compris et accepté. S'il ne l'est pas, l'amour lentement s'éteint face à la

135

personne qui désormais incarne une incompréhension intolérable, un égoïsme injustifié. On commence à réexaminer le passé, à calculer ce que l'on a donné (beaucoup), ce que l'on a reçu (rien) ; l'amour meurt dans le ressentiment, et le souvenir lui-même disparaît.

L'apparition de points de non-retour, au cours de la vie, est beaucoup plus fréquente qu'on ne l'imagine. Des choses qui paraissaient secondaires se révèlent essentielles. Dans ce cas, tout se présente comme un lent assoupissement de l'amour. En réalité, un regard plus attentif découvrirait, au contraire, une ré-émergence du dilemme et un désespoir secret.

17.

Est-il possible qu'une personne reste amoureuse d'une autre des années et des années? Oui.

Est-il possible que deux personnes restent amoureuses l'une de l'autre des années et des années? Oui.

A première vue, la chose semble impossible car l'amour naissant est un état de transition qui ou bien s'évanouit, ou bien s'institutionnalise, ou bien s'éteint. C'est en effet son déroulement normal. Il existe pourtant des cas exceptionnels dans lesquels le projet devient projet de conserver l'état naissant lui-même, dans lesquels la personne continue d'aimer passionnément l'autre, même si l'autre est inaccessible, même si l'autre est mort. C'est justement le fait que l'autre soit inaccesible — pensons à la séparation d'Héloïse et d'Abélard, à la mort de la Béatrice de Dante, au mariage puis à la mort de la Laure de Pétrarque — qui fait que l'amour peut se poursuivre dans l'imaginaire s'il n'a pas subi de refus. S'il a essuyé un échec, ce phénomène ne peut se produire; la conscience est alors obligée de combattre le passé, son « ainsi fut-il ».

Mais quand l'autre a dit oui, ou, simplement, n'a

pas dit non, toutes les facultés créatrices de l'amour peuvent alors converger vers lui. Et puisque la réalité ne peut démentir le rêve, l'amour perdure sur le plan de l'extraordinaire.

Pour comprendre de quoi il s'agit, il suffit de penser à l'un de ces intervalles de temps pendant lesquels deux amoureux sont éloignés l'un de l'autre, non parce qu'ils se sont séparés, mais parce qu'un obstacle extérieur s'est interposé qu'ils jugent infranchissable. Chacun vit alors dans le cœur de l'autre et l'amour devient un tourment perpétuel pour l'aimé, une souffrance car l'autre n'est pas là, mais aussi une source de joie perpétuelle qui culmine dans le souvenir, dans l'attente ou tout simplement dans la pensée de l'amour que l'autre lui porte. Alors, tout ce qui arrive n'est que contingence par rapport à cet amour profond qui trouble et réchauffe. La vie peut se dérouler normalement, être une vie active, généreuse, de toutes façons le centre émotif et éthique reste en dehors de l'existant. L'amour devient le lieu intérieur de la régénération, une île soustraite à la contingence, un jardin de roses au milieu du désert, où l'âme étanche sa soif et peut revenir au monde. Tout cela est assez proche du mysticisme.

La Divine Comédie est en effet un grand poème mystique, où la femme aimée devient la compagne et le guide d'un voyage mystique qui mène à Dieu. Dans le mysticisme pur, cette figure de médiation disparaît et l'amour s'adresse directement à Dieu. Mais il n'est pas rare, dans la réalité, que cette figure médiatrice existe. Les relations entre sainte Claire et saint François présentent tous les caractères d'un amour naissant transposé (ou sublimé) dans la divinité. Maulana Djalâl al-Dîn Rumi écrit le plus grand poème mystique de l'Islam, le Math-nawi, et le recueil lyrique du Diwan, après que Shams-e Tabrizi, un homme qu'il avait beaucoup aimé, disparaît ou meurt. Dans le Mathnawi, il ne parle jamais de cet homme, mais seulement de Dieu ; pourtant, plusieurs parties du poème donnent l'impression d'un amour si concret et si déchirant que les figures de l'Ami humain et de l'Ami divin se confondent. Le Diwan, par contre, est véritablement dédié à Shams-e Tabrizi et ici, c'est à travers l'Ami aimé que le poète en vient à parler de Dieu.

L'amour mystique reste un amour naissant car avec l'Ami ou l'Aimé divin aucun pacte de réciprocité n'est possible. L'un peut seulement aimer, l'autre peut seulement être aimé et sa réponse, que rien ne peut garantir, est toujours et de toute façon une « grâce ». A cause de cette totale asymétrie, de cette infranchissable distance, l'amour mystique est toujours révélation de l'être comme un amour par rapport auquel le reste est contingence. Justement à cause de cette distance, ce qui nous frappe dans l'amour mystique est la présence d'une continuelle, incessante souffrance qui devient miraculeusement une joie. « En toi, écrit Raymond Lulle[1], sont ma santé et ma souffrance : plus parfaitement tu me guéris, plus augmente ma langueur et, plus tu me fais souffrir, plus tu me donnes la santé. »

De son côté, sainte Thérèse d'Avila, même dans la septième demeure, l'ultime et le plus parfait état du mysticisme, trouve que : « Il y a en elle un grand désir de souffrir, mais cependant sans qu'elle ressente de l'inquiétude car elle espère si ardemment

1. Raymond Lulle, *op. cit.*

139

que la volonté de Dieu s'accomplisse en elle, qu'elle est satisfaite de tout ce que Lui décide : s'Il veut qu'elle souffre, ainsi soit-il ; s'Il ne le veut pas, elle ne s'en désespère pas[1]. » L'amour mystique nous démontre clairement que l'état amoureux ne dépend aucunement des qualités de l'autre ; il est purement et simplement notre façon de voir (de penser, de sentir, de percevoir, d'imaginer, etc.), c'est-à-dire un système catégoriel intérieur à la structure de notre esprit. Nous ne voyons pas les choses comme elles sont, mais comme nous les faisons. L'amour mystique construit son objet à partir des catégories de l'état naissant et, ne pouvant prendre une personne existante (à transfigurer dans l'imagination), il construit son objet pur et idéal.

La culture contemporaine affirme que ce n'est pas vivre. Je le crois aussi, pourtant il faut reconnaître que, au cours des millénaires, le mysticisme a été une forme de vie très importante et très intense. En effet, l'objet, pour celui qui l'aime, ne cesse d'être réel.

D'ailleurs, dans l'amour naissant l'être aimé est-il également réel ? Ici aussi, l'aimé est le produit de l'imaginaire. Mais d'un imaginaire qui se fait projet, qui veut modifier la réalité pour se réaliser, s'incarner dans le monde. Tâche impossible car il y a toujours une contingence, une matière, un ensemble de faits avec lesquels il faudra régler ses comptes. Toute incarnation est une perte. Tout état amoureux qui dure longtemps ne peut donc que se construire dans l'imaginaire, ne peut que durer dans l'imaginaire, oblige donc les deux partenaires

1. Sainte Thérèses d'Avila, *Le Château intérieur*.

à renoncer à vouloir voir ici et maintenant, dans le concret total, ce que tous nous désirons par-dessus tout.

Plus l'amour naissant s'entête à tout réaliser dans le concret, dans le pragmatique, dans les faits, plus il est condamné à s'éteindre. Il vaut mieux être cohérent jusqu'au bout, dire que l'on renonce à l'expérience extraordinaire, qu'on ne la recherche pas, qu'on ne la veut pas, ou bien qu'on ne la veut pas de telle façon. Non seulement dans le cas de l'amour naissant, mais pour chacun des processus de l'état naissant. La tentative de vouloir tout et tout de suite concrètement est à l'origine des plus terribles expériences du fanatisme. L'existant n'incarne jamais complètement le réel. Prétendre que, en un certain lieu, on puisse réaliser le paradis terrestre, relève du fanatisme. Tout ce qui est existant peut être transfiguré, mais ne devient jamais l'absolu, le parfait, l'infaillible, la totalité. C'est toujours le point d'intersection de la réalité et de la contingence, le point où le réel transparaît dans le contingent, c'est la « révélation » de l'absolu. L'objet aimé reste empirique et transfiguré. Le mystique résout le problème en annulant l'existant, en le réduisant à n'être que pure contingence, il sépare le réel en le définissant comme objet de l'intuition pure. En d'autres termes il laisse les facultés mentales propres à l'état naissant opérer et construire leur objet.

Cependant, on comprend, à ce stade, que l'un des amoureux, ou les deux, puisse aller très loin dans cette direction, car ils ne font pas subir à leur amour l'épreuve de l'incarnation complète, quotidienne. La révolution échoue donc, l'idéal se sépare de l'existant et devient le lieu de l'imaginaire où se produit la rencontre. Les deux vivent leur vie concrète, traversent les événements du monde, combattent, construisent, mais leur rapport garde une dimension extraordinaire. C'est peu fréquent, mais ce n'est pas rarissime. Et ce n'est pas une chose facile à remarquer car ces personnes ne parlent pas de leur amour. Parce qu'il s'agit d'un espace imaginaire, ils le séparent complètement de la contingence, ils en font l'objet d'une réserve, d'une pudeur totales.

Il ne faut pas non plus imaginer que ce genre d'amour soit purement spirituel ou « platonique ». Il peut être au contraire extrêmement sexuel et érotique. Pourquoi est-il si rare ? Mais, bien sûr, parce que l'amour naissant projette de reconstruire concrètement l'existant, de réorganiser autour de la nouvelle personne toute sa propre vie présente, passée et future et de faire cela d'une façon manifeste, exemplaire. Le projet est toujours un projet de transformation de la vie quotidienne, et renoncer à cette transformation est considéré, pour la plupart, comme un échec. Tous ceux qui renoncent se trouvent dans des conditions particulières et ils le font, en général, après avoir exploré d'autres voies qui se sont révélées impraticables. Et il n'est pas sûr qu'un amour de cette nature puisse durer. Le projet de le réaliser dans une convivialité concrète et totale réapparaît. Une autre tentative s'ensuit, qui conduit souvent à l'extinction de l'amour.

Ce curieux rapport qui peut s'établir entre le réel et l'imaginaire, entre la contingence et l'existant nous permet d'évaluer les diverses significations que revêtent les fantasmes dans les rapports sexuels. Au cours de leurs rapports sexuels, de nombreuses personnes s'imaginent faire l'amour

142

avec un autre partenaire, avec plusieurs autres, ou bien, avec le même mais dans une situation différente.

Dans l'amour naissant, l'amoureux, également, laisse son imagination vagabonder et rêve aux ébats qu'il a eus avec d'autres personnes. Cependant, ces fantasmes ont le pouvoir d'attribuer à l'être aimé les qualités et la valeur de ce qui a déjà été expérimenté. Les autres partenaires finissent par disparaître et ne reste plus que l'aimé. L'amoureux peut aussi imaginer l'être qu'il aime en compagnie de quelqu'un d'autre, ou bien rêver qu'il prend la place de quelqu'un avec lequel l'aimé a eu des rapports dans le passé. Même dans ce cas, ces fantasmes signifient que l'on cherche à s'emparer et à intégrer à soi tous les éléments d'existence qui ont une valence ou une valeur. Être jaloux, c'est aussi attribuer une valeur; donc, s'imaginer être à la place de la personne que l'on jalouse implique qu'on l'annule en tant que valeur, que l'on prend sa place et qu'il n'en reste plus rien. Au contraire, chez l'amoureux qui a des rapports sexuels avec d'autres, le processus est radicalement différent. Dans le premier cas, il utilise ses rêveries pour les vider de leur contenu et les rapporter à l'aimé, dans ce deuxième cas, au contraire, les rêveries ne se rapportent pas au partenaire sexuel. Quelle que soit la personne avec laquelle il a des rapports, il continue d'imaginer qu'il fait l'amour avec l'être aimé et, dans la mesure où il ne fantasme pas, il en retire une expérience qu'il revivra fantastiquement avec celui dont il est amoureux. On arrive donc à ce paradoxe : on peut faire l'amour avec quelqu'un que l'on n'aime pas sans jamais le faire réellement avec lui, et ne jamais faire l'amour avec la personne que l'on aime et cependant ne le faire qu'avec elle. En réalité, il y a des gens qui, en changeant indéfiniment de partenaire, continuent à faire l'amour avec la même personne. Et ils ne l'avouent pas, ils ne l'avouent pas non plus à leur psychanalyste ni dans les thérapies de groupe.

18.

Un amour naissant peut-il se transformer en un amour qui, pendant des années, conserve la fraîcheur de l'amour naissant? Oui. Cela peut arriver quand les deux partenaires réussissent à mener ensemble une vie active et nouvelle, aventureuse et intéressante, dans laquelle ils découvrent ensemble des intérêts nouveaux, ou bien, lorsqu'ils affrontent ensemble des problèmes extérieurs. Des problèmes pas trop graves, bien entendu, car, dans l'amour, toutes les difficultés extérieures se projettent à l'intérieur et deviennent incompatibilité de projets. Mais il existe des difficultés qui n'ont aucun rapport avec la vie passée des deux amoureux; dans ce cas, ils luttent *côte à côte pour un projet commun*. Les deux projets fusionnent alors, les épreuves que l'on s'impose réciproquement deviennent plus légères car l'obstacle est vécu comme externe et non comme interne (comme un refus); l'action commune crée une solidarité, une volonté de réussir ensemble ce qui intéresse chacun et les deux.

L'aventure, l'extraordinaire sont, de toute façon, des éléments très importants. L'état naissant est une révolution de la vie quotidienne; aussi peut-il se déployer lorsqu'il réussit à la bouleverser, c'est-à-dire lorsque la vie peut prendre une autre direction, nouvelle, voulue, et intéressante. Les énergies extraordinaires de l'état naissant transmettent, dans ce cas, aux deux amoureux une force prodigieuse qui leur permet d'affronter l'inconnu et la diversité, et de surmonter ensemble les difficultés.

En entreprenant un voyage, en affrontant une aventure, en acceptant un nouveau travail au loin, ils découvrent en eux-mêmes, et seulement en eux-mêmes, force et solidarité. Ce fait objectif confirme ce qu'ils ont compris intuitivement : leur force surgit de leur alliance, de leur amour. Mais la diversité, la nouveauté, l'extraordinaire agissent de façon plus subtile : ils éloignent le quotidien, ils réduisent le poids du passé qui menace toujours l'élaboration du projet. Pour que cela se produise, il n'est pas nécessaire que les amoureux partent dans des contrées inconnues. Ils peuvent rester sur leurs terres, mais il leur faut pouvoir les parcourir à nouveau d'une manière tout à fait différente; ils doivent pouvoir tracer des itinéraires nouveaux et pour eux chargés de signification.

S'ils sont obligés de se confiner dans les sentiers battus, de revivre sans cesse le déjà vécu, l'« ainsi fut-il » finit par écraser le possible. Rien ne détruit plus complètement l'amour naissant que la répétition de l'identique, l'obligation de revivre des expériences déjà effectuées, de retrouver les mêmes obstacles, déjà connus, déjà imaginés, déjà vécus. Au lieu de réinterpréter l'histoire, de réinventer le passé, c'est le passé qui réapparaît et qui refait le présent et le futur. Mais il est vrai aussi que ce qui est nouveau pour l'un peut être déjà vécu pour l'autre, le retour à l'identique. Alors, les projets deviennent incompatibles et l'amour s'achève.

Et s'il n'y a pas de vie active, différente ? Il n'existe alors que l'alternative du voyage intérieur, du voyage mystique dont nous avons parlé au chapitre précédent. Mais on n'entreprend que très rarement ce voyage. Tout le monde recherche le voyage à l'extérieur, l'action intense, car elle seule satisfait la brûlante nécessité de transformer la vie ainsi que l'exige l'état naissant. Faire ensemble des expériences nouvelles : telle est la clef qui prolonge l'amour naissant actif. Ces nouvelles expériences communes peuvent revêtir le caractère de « vacances », de rupture avec le quotidien. Mais en général, les vacances ne suffisent pas car le quotidien finit par se surimposer sur les brèves ruptures qui apparaissent comme des fugues, des aventures de l'imaginaire. La plus grande force se manifeste lorsque de nouvelles expériences faites ensemble ont une incidence profonde sur le registre de la vie quotidienne, lorsqu'elles mettent en œuvre de réelles alternatives d'existence ; bien qu'elles s'apparentent aux « vacances », les expériences nouvelles impliquent une découverte, une recherche, une vision nouvelle chez les deux partenaires, un déchiffrage d'une réalité différente et elles deviennent tellement significatives qu'elles laissent une trace durable. Pour faire face à cette exigence, pour la canaliser, les anciennes institutions ont inventé le « voyage de noces » qui offrait une réponse toute faite. « Le voyage de noces » est le symbole institutionnel de cette rupture avec le quotidien, de cette aventure à deux à vivre jusqu'au bout. Aux époques « fatigués », on conseille aussi le voyage, considéré comme une tentative de revitaliser, à travers une occasion extraordinaire, l'expérience de l'extraordinaire que la banalité du quotidien et l'accumulation des déceptions ont depuis longtemps étouffée et éteinte.

Qu'est d'ailleurs la banalité du quotidien sinon l'échec des processus de transformation et de révolution que l'état naissant se proposait d'engager? L'amour naissant est une exploration du possible, la personne dont nous tombons amoureux constitue pour nous l'élément grâce auquel nous allons modifier radicalement l'expérience quotidienne. Elle-même, en s'éprenant de nous, devient plus vive, pleine de fantaisie, plus capable de projets; elle nous fait entrevoir une vie plus riche, plus amusante, plus fascinante, faite d'émotions intenses, de choses merveilleuses, de découvertes continuelles, de risques également. Le quotidien apparaît peu à peu comme un renoncement à tous ces biens. Certes, ce sont les grands sacrifices, les points de non retour qui marquent le tournant, mais le reste se fait peu à peu, à travers de petits compromis, le long des voies habituelles, par paresse, par commodité, par manque de fantaisie, ou par peur du risque. Même si dans un premier temps, les deux amoureux ont accompli un grand bouleversement, lorsqu'ils divorcent, lorsqu'ils vont vivre ensemble, changent de travail, ils se heurtent ensuite aux mille faits connus et répétés de la vie quotidienne, aux mille contraintes qui subordonnent l'imaginaire à l'existant, jusqu'à ce que l'existant impose à nouveau sa dictature. Pour remédier à cette dictature, on s'offre des vacances, des fêtes, des pratiques psychothérapiques, des expériences sexuelles variées. Mais rien dans l'existant ne peut transcender l'existant sinon la ré-affirmation des droits de l'imaginaire sur la réalité, sa lutte contre l'existant, c'est-à-dire un nouvel état naissant. Donc, même une grande transformation précipite souvent dans un nouveau quotidien, dans un réseau inextricable de devoirs.

L'amour naissant, en devenant amour, en reconstruisant sur de nouvelles bases, a accompli sa tâche révolutionnaire : restent un autre travail, une autre maison, d'autres amis, d'autres enfants. Celui qui divorce et se remarie une, deux, trois fois, retrouve souvent une situation presque semblable à la première. Bien sûr, c'est en lui et en l'autre que tout cela est écrit; mais le monde ne se fait pas lumineux et toujours renaissant à volonté. L'amour naissant disparaît donc. Si, par contre, il doit se poursuivre, comme nous nous le sommes demandés au début, il faut que la vie extraordinaire se poursuive en quelque sorte dans l'existant, qu'elle se réalise comme voyage extraordinaire à travers l'existant. Voyage fait ensemble après de dures épreuves côte à côte, découverte et confrontation, continuelle réinterprétation du monde, continuel réexamen du passé historique.

Pour certains, cela est un combat, une poésie; pour d'autres simplement la faculté de s'émerveiller en permanence d'eux-mêmes et du monde, de chercher en permanence non pas ce qui rassure ou ce que l'on connaît déjà, mais ce qui est défi, beauté, création. Le voyage à l'extérieur n'est donc que l'occasion, l'instrument d'un voyage continu à l'intérieur; de même, le voyage à l'intérieur est le stimulant continuel d'un voyage à l'extérieur. Dans ces conditions, l'amour naissant continue car l'état naissant re-naît. On re-voit, on re-découvre, on re-nouvelle, on se re-nouvelle, perpétuellement, cherchant les défis et les occasions. On re-tombe alors amoureux de la même personne.

Une chose semblable exige que l'initiative vienne des deux côtés. Si l'un des deux est passif, s'il attend que ce soit l'autre qui invente les choses, s'il n'a pas le courage de les proposer, ou, plus simplement, s'il ne sait pas profiter des occasions et cherche l'« occasion », n'importe quelle transformation tombe rapidement sous la dictature du quotidien et du ressentiment. D'ailleurs si l'un des deux, si créatif qu'il puisse être, opère des choix qui interdisent à l'expérience de sortir des rails de la routine — un travail particulièrement absorbant, des enfants, des parents malades qui nécessitent des soins continuels, etc., — tous les essais que tente l'autre pour découvrir continuellement le nouveau échouent et provoquent en lui un sentiment de frustration. A la fin, les deux types de projet entrent en collision et le routinier a le privilège de l'emporter toujours sur l'extraordinaire.

Je ne crois pas que, de tout cela, puisse naître quelque règle pratique de comportement, un art pour rester amoureux. Toutes ces règles sont toujours des instruments d'automystification, de falsification. La vie crée l'état naissant, la vie crée la rencontre, la vie crée les projets, la vie crée les épreuves, la vie crée les occasions, la vie les détruit. Nous pouvons nous diriger dans ce grand courant, tel un petit canoë au milieu de la tempête. Ce n'est pas nous qui soulevons les vagues, ni qui les modifions. Nous pouvons tenir la mer, joyeusement ou péniblement, ou les deux à la fois, aborder sur une rive ou ne pas l'atteindre, et trouver de la joie en arrivant ou en n'arrivant pas. Peut-être connaître le fond du problème est-il plus utile qu'un art d'aimer ou d'être amoureux car nous pouvons ainsi, avant de choisir, être, chaque fois, conscient de notre humanité.

19.

Ce livre traite de l'amour naissant et non de l'amour. Pour comprendre complètement l'amour naissant, il faut cependant ajouter quelque chose sur l'amour, ce lien plus stable, plus durable auquel tend l'amour naissant, en tant que porteur de projet. L'état naissant, en effet, a tendance à devenir institution et l'institution réside fondamentalement dans cette définition : dire, soutenir que *l'état naissant est tout entier symboliquement réalisé et, en même temps, qu'il est pratiquement tout entier à réaliser*.

Pendant la révolution d'Octobre, on instaure symboliquement une libération totale, une société sans classe, l'humanité des égaux ; aussi vrai que le plénum du comité central doit décider à l'unanimité, les élections sont décidées pour montrer qu'il n'y a pas d'opposition. Mais, en même temps, ce qu'on a réalisé n'est pas le communisme, mais la dictature du prolétariat, une étape vers le communisme qui reste entièrement à réaliser. L'institution aussi, se dédoublant en deux plans, symbolique et pratique, s'auto-définit comme l'avènement d'un avènement. Au cœur des institutions se trouvent les

151

catégories de l'état naissant, toutefois, sa mise en pratique — réalisé symboliquement — est renvoyée à un futur toujours plus lointain, comme le jour du jugement dernier dans le christianisme.

Mais, puisque sur le plan symbolique on déclare l'amour naissant réalisé, les symboles et les rites prétendent le réactiver, le faire revivre. L'année liturgique n'est que l'évocation symbolique du temps divin des origines et des événements sacrés auxquels les hommes sont invités à participer. Mais les institutions ne résident pas seulement dans les rites, elles habitent l'esprit des hommes. Elles rétablissent donc, en partie, les valeurs originaires, scandent le rythme de notre temps de ces signifiants et de ces valeurs. Ainsi, ce que nous avons appelé la vie quotidienne est riche en moments où quelque chose se révèle, réapparaît — non comme l'éternel retour du déjà connu, mais comme la redécouverte de ce qui est.

Pour établir un pont entre l'amour naissant et ces aspects de la question sans écrire un autre livre, j'utiliserai un raccourci, et j'évoquerai une expérience dont nous avons déjà parlé à propos de l'amour, celle du don. Pour que ce soit plus simple, je ne citerai que quatre cas.

Quand dit-on qu'un rapport n'est pas authentique ? Quand l'autre n'est pour nous qu'un moyen pour atteindre un but, pour obtenir des résultats. Quand l'autre s'interpose entre nous et ce que nous désirons et qu'il nous faut agir sur lui pour l'obtenir, quand l'autre exerce un pouvoir sur nous et qu'il nous faut l'influencer par nos demandes ou nos flatteries. Nous voudrions nous passer de lui, à chaque instant nous voudrions ne pas devoir en dépendre. Et lorsque nous pouvons nous en passer, lorsque nous n'avons plus besoin de l'autre, nous l'oublions ; pour nous, il cesse d'exister. La plupart de nos rapports professionnels sont de ce genre, sinon presque tous. Dans ce cas, les cadeaux et les vœux sont, au fond, hypocrites et serviles. Hypocrites, car ils essaient de dire : « Ce cadeau signifie que je t'apprécie, que je t'aime », alors qu'en réalité nous pensons : « J'ai besoin de lui, je dois me concilier ses bonnes grâces. » Serviles, car ce cadeau est la reconnaissance d'un pouvoir, si faible qu'il soit, sur nous.

Les cadeaux partent à l'ascension des sommets, des puissants : le plus puissant est celui qui reçoit le plus de vœux, le plus de cadeaux. C'est une sorte de dîme que les faibles s'imposent en faveur des grands. L'ensemble des cartes, des billets, des télégrammes, des paquets, constituent un instantané de la géographie du pouvoir dans la société. Si le pouvoir change, tout change.

L'année prochaine plusieurs n'en recevront pas. Leur pouvoir aura passé, ils auront été oubliés. Mais, déjà aujourd'hui, le cadeau signifie : « Je voudrais pouvoir t'oublier, t'ignorer, t'effacer de ma vie mais je ne le peux pas, je suis forcé de faire tout le contraire... Un jour, toutefois, je n'aurai plus besoin de toi et je te repousserai dans le néant d'où tu n'aurais jamais dû sortir. » Cela explique l'inauthenticité des fêtes. Elles devraient être une chose et elles deviennent quelque chose d'autre, elles devraient être le moment de l'amour et elles deviennent la célébration de l'hommage servile. Et cela engendre un malaise, un trouble, une impression d'inauthenticité.

Cela signifie que les fêtes sont aussi tout autre chose, sinon nous ne ressentirions pas ce malaise.

Si elles nous paraissent inauthentiques cela implique que nous savons, au fond de nous-mêmes, ce qui est authentique, ce qui devrait l'être.

Mais il existe une autre catégorie de cadeaux et de dons. Ceux que nous faisons aux personnes qui nous sont réellement chères, et nous savons qu'elles nous sont chères. Nos parents, nos enfants, notre mari ou notre femme, nos frères, quelques amis, parfois même certaines personnes qui exercent un pouvoir sur nous mais que nous aimons et dont l'existence nous réjouit. Offrir des cadeaux à ceux que nous aimons n'est pas un hommage servile ; c'est le témoignage d'une affection dont les liens ne seront pas tranchés ; dans ce cas, un présent signifie vraiment : « Je t'aime, je continue à t'aimer même si cela ne se voit pas, même si je ne t'ai pas donné signe de vie comme j'aurais dû. Je ne t'ai pas oublié. »

En réalité, nous oublions. Nous oublions pendant des mois, pendant des années. Nous oublions nos parents, nous oublions notre mari ou notre femme, nous oublions nos enfants, nous oublions surtout ceux qui sont loin, parfois même ceux qui sont proches. Les êtres que nous aimons ne sont pas l'objet d'une relation continue. Nous les rencontrons en certaines occasions, quelquefois, comme cela arrive avec un ami lointain. Et lorsque ceux que nous aimons sont près de nous, quand ils vivent avec nous, ils s'imposent à nous car ils sont là. Nous ne ressentons pas continuellement le besoin de leur présence, nous leur témoignons certains égards par habitude, par devoir, parfois en nous plaignant.

Et pourtant nous sommes liés à eux et nous le savons dès que nous les perdons, si nous courons le risque de les perdre. Quand ils sont malades, quand ils ne rentrent pas à la maison, quand ils peuvent mourir. Alors l'angoisse nous étreint et nous découvrons qu'ils nous sont essentiels. Nous découvrons qu'ils sont investis d'une très grande valeur, d'une valeur telle que toutes les choses, comparées à elle, perdent leur importance et deviennent — pour employer une expression philosophique — contingentes. C'est seulement au moment où nous pouvons les perdre, que se manifestent à nous leur valeur, le fait qu'ils soient essentiels, la crainte de les perdre.

En ces moments-là, le monde se partage en deux : eux d'un côté, de l'autre *la puissance du négatif* qui nous les arrache. Eux sont essentiels pour nous, ils ne le sont pas pour la puissance qui nous les enlève. Pour le ravisseur, pour la maladie, pour la mort, ils sont dépourvus de valeur. La puissance de ces maux est une puissance qui se définit tout entière dans la destruction : le non-être comme puissance.

A l'occasion des anniversaires, des fêtes, nous reconnaissons ces êtres chers : nos cadeaux témoignent que leur existence nous est essentielle. A ces êtres, nous ne pouvons pas faire n'importe quels cadeaux : mais des cadeaux qui correspondent à leurs goûts, des cadeaux qui leur fassent vraiment plaisir, qui parlent à leur individualité profonde, au noyau essentiel de leur personne, quelque chose qui *enrichisse leur substance d'être*. Dans ce cas, nous leur offrons quelque objet qui les nourrisse, qui les fortifie, qui les rende forts et heureux face à l'ombre du non-être : non seulement la maladie et la mort, mais aussi l'indifférence, l'oubli, notre propre oubli.

Puis, vient une troisième catégorie de dons, les dons de l'amour : être amoureux, tomber amoureux. Comment fait-on pour savoir que l'on est amoureux ? Parce que nous tombons une fois encore amoureux, parce que nous re-tombons sans cesse amoureux de la même personne. Quand nous sommes amoureux, il y a des périodes pendant lesquelles nous avons l'impression que telle personne n'a aucune importance pour nous. Nous voulons nous en passer, nous nous en séparons et nous nous disons à nous-mêmes : « C'était un engouement, c'est fini, je me moque de ce pauvre type (ou de cette pauvre fille), il (ou elle) ne m'est rien, je suis libre. » Parfois, on rencontre cette personne et cela nous est égal, elle nous est indifférente et on se demande avec irritation ce que l'on avait bien pu trouver en elle. Puis, elle réapparaît. Ce visage indifférent devient le visage unique, cette voix, la voix unique ; son absence devient un manque intolérable, sa présence une joie infinie. Tout d'elle nous touche, tout de lui est nostalgie et assouvissement. C'est l'éros extraordinaire, la volonté qui trouve son objet. Nous regardons cet être et il nous semble incroyable qu'il soit là, pour nous, car il est incroyable d'avoir tout ce que l'on désire : la plénitude de l'être qui nous dit oui. Dans ce cas, n'existent ni le négatif ni sa puissance ; l'être aimé remplit la conscience et la rend heureuse. Puis, après des heures et des jours, il se dissout à nouveau, comme s'il avait été une illusion et notre moi quotidien, notre monde quotidien refont surface. Sommes-nous réellement amoureux ?

Mais l'extraordinaire réapparaît. Il réapparaît toujours nouveau et toujours différent, comme unique objet de la volonté et s'impose à nous. Et il

156

s'impose à nous de nouveau, et puis encore, jusqu'à dissoudre le reste. L'être l'emporte sur le contingent et le dégrade ; l'amour est ce sentiment qui prévaut, rien d'autre. Que devient le don dans ce cas ? Nous voudrions tout offrir et il nous semble que rien ne soit jamais suffisant. Car nous voulons offrir ce qu'il y a de meilleur en nous, ce qui en nous a le plus de valeur dans l'espoir que lui, ou elle, en juge de même et l'accepte volontiers. Nous offrons dans l'espoir d'apparaître à lui (ou à elle) comme lui (ou elle) nous est apparu et pour être accueillis en lui (ou en elle) et goûter la paix. Le don est un moyen de nous unir symboliquement à l'être dans sa prédominance, dans sa manifestation, dans sa naissance.

J'ai parlé de l'amour naissant au sens strict mais peut-être l'amour, même le plus inébranlable, se présente-t-il à nous sous le même aspect : on tombe amoureux, on re-tombe amoureux de la même personne. Il en est de même de l'amour de la mère (ou du père) pour son enfant. L'enfant existe pour sa mère, il est présent parce qu'il pleure, parce qu'il a besoin d'elle, parce qu'il peut être toujours en danger, parce qu'il s'oppose. Mais, de temps en temps, pendant la journée ou pendant la nuit, quand elle est loin ou quand elle le regarde, il lui « apparaît » comme un objet plein de désir, comme une nostalgie, comme une tendresse infinie, comme un accomplissement total d'elle-même.

La mère s'éprend sans cesse de son enfant. Et non seulement lorsqu'il est petit, mais également lorsqu'il est grand, lorsqu'il est adulte. Parfois, à certains moments, elle le voit, elle le regarde avec des yeux étonnés et passionnés, éprouvant une grande reconnaissance parce qu'il existe. L'amoureux remercie l'autre d'exister. La mère ne revoit pas dans l'adulte le petit enfant qui a été et qui n'est plus. Non, elle voit l'adulte comme elle avait vu l'enfant, elle le regarde et re-tombe amoureuse de l'être qu'il est aujourd'hui. Chaque fois, elle découvre en cet être la perfection. La passion renaît, c'est toujours « le premier jour ».

Toute personne, même la plus pauvre, a reçu le don d'aimer ; il constitue le fondement de la valeur de l'existence, un fondement absolu en quelque chose doué d'une valeur en soi, et que l'on redécouvre. Celui qui perd l'espoir de le re-trouver meurt.

Mais, peut-être — je dis peut-être car toute la psychologie infantile traditionnelle n'en parle pas — l'enfance est tout entière fondée sur cette expérience. L'enfant demande, s'oppose, se rend autonome mais, brusquement, il veut qu'on le prenne dans les bras, qu'on le caresse, qu'on l'embrasse ; le soir, pour s'endormir, il exige quelqu'un à ses côtés ; un baiser le rend heureux et insatiable. Peut-être chaque fois, tombe-t-il amoureux, peut-être, chaque fois — un nombre vertigineux de fois — fait-il l'expérience stupéfiante et incroyable de la plénitude de l'être qui dit oui. Il s'en détache pour se rendre autonome, mais, chaque fois, il le re-trouve, chaque fois il découvre la révélation et la confirmation. Grâce à ce ciment, il construit sa confiance et sa capacité d'exister et de vivre dans le monde.

Dans ce dernier cas, celui de l'amour que porte la mère ou le père à son enfant, le don se présente, par certains aspects, comme le don de soi — de même que dans l'amour naissant — et par d'autres,

158

comme le don qui octroie à l'enfant la cohésion de l'être. Mais l'enfant aussi fait des dons. Non la fleur qu'il offre à sa maman, non. Les dons de l'enfant sont ses mots, les étonnantes constructions linguistiques qu'il mûrit en lui et qui surgissent, à un certain moment. Avec ses mots, il construit une porte, une maison, un château dans lequel l'adulte peut entrer car c'est une demeure pour lui. Une demeure, en outre, qu'il peut achever avec l'enfant, une construction à faire ensemble. Les mots de l'enfant sont le premier chant d'amour tout entier objectivé, comme la vraie grande poésie et, en même temps, une chose accomplie ensemble, côte à côte.

Dans cet exposé, le lecteur aura trouvé la place d'y introduire d'autres aspects importants de la vie. Mais, même dans la vie, l'amour naissant occupe un espace particulier par rapport à tout ce qui vit dans le temps et qui, dans le temps, se réaffirme et se reproduit.

20.

Ce livre est certainement destiné à mécontenter trois catégories de personnes : celles qui se meuvent dans une orbite utilitariste/pragmatique, celles qui évoluent dans le domaine des systèmes idéologiques tels le catholicisme, l'islam et le marxisme ; et, enfin, celles qui, aujourd'hui, sont en train de dresser le procès du couple hétérosexuel, des féministes par exemple.

Pour les premiers, ceux qui se meuvent dans une orbite utilitariste/pragmatique, l'ensemble du discours est, dans son fondement, une absurdité, parce qu'il part de l'assertion qu'il existe un état du social — l'état naissant et par conséquent également l'institution — dans lequel s'opère la distinction métaphysique entre la réalité et la contingence. C'est une distinction qui réapparaît continuellement dans la philosophie : entre les idées et l'apparence (Platon), entre la forme et la matière (Aristote), entre la substance et l'accident (saint Thomas), entre la raison et l'Esprit (Hegel), entre la classe pour soi et la classe en soi (Marx), entre la volonté de puissance et les forces réactives (Nietzsche), etc.

Cette distinction est étrangère à la pensée utilitariste. Prenons comme exemple de la pensée utilitariste son produit le plus typique : l'économie. L'économie, comme science, n'est possible que si les choses sont comparables et échangeables, elle n'a que faire des valeurs absolues, elle ne s'occupe que des intérêts. Cependant, une bonne partie de la sociologie et de la psychologie sont d'origine utilitariste. En tant que telles, elles n'ont aucun moyen pour maîtriser ce genre de phénomènes, et, par conséquent, elles finissent par en nier la spécificité, la spontanéité ou même l'existence. Cette façon de penser ne se limite pas, toutefois, aux spécialistes des sciences sociales. Dans notre vie quotidienne nous raisonnons en termes d'utilité, d'intérêts, de moyens, d'avantages et de désavantages. Nous pourrions même dire que l'utilitarisme est la façon de penser de la vie quotidienne.

Nous avons déjà vu que la vie quotidienne considère comme irrationnels l'enthousiasme, le désintérêt pour les choses matérielles, la passion; elle s'en défend, elle refuse d'en être troublée. Tout cela est logique, est compréhensible. Mais si l'on veut appréhender l'amour à l'état naissant, il ne faut pas oublier qu'il contredit la façon de penser de la vie quotidienne. Il ne peut donc s'expliquer selon ses critères.

Le discours est plus complexe lorsqu'on passe au christianisme, à l'islam et au marxisme. En termes techniques, ce sont des *civilisations culturelles*. Ce sont donc des puissances institutionnelles, elles aussi nées d'un mouvement collectif (le christianisme des origines, l'islam des origines) qui a engendré un type d'institution dont la propriété est de récupérer les mouvements collectifs, en leur attribuant son langage et ses symboles. Par exemple, au cours du Moyen Age chrétien, toutes les révoltes possibles, toutes les expériences religieuses possibles, tous les mouvements culturels finissaient par se définir en termes chrétiens. Chaque mouvement collectif était donc obligé, pour s'exprimer, pour se faire entendre, de prendre comme point de référence le noyau fondamental du christianisme : la passion et la mort de Jésus-Christ, les sacrements, le sacerdoce, l'orthodoxie, l'hétérodoxie, etc.

Une civilisation culturelle, en d'autres termes, offre des modèles selon lesquels il nous faut interpréter aussi bien l'expérience ordinaire que l'expérience extraordinaire, le reste est *privé de langage*. Ce que nous avons dit pour le christianisme vaut également pour l'islam. Là où s'est diffusée cette civilisation, tous les mouvements collectifs utilisent le langage de l'islam. Une civilisation impose son langage et ses institutions même à l'amour naissant, mouvement qui ne touche que deux personnes. Dans le mariage chrétien, par exemple, il n'existe pas de distinction entre amour à l'état naissant, amour et sexualité. Le sacrement du mariage implique tous ces sentiments à la fois. Il tend à renforcer la tendresse (l'alliance) et la sexualité (la reproduction), le reste n'a pas de valeur particulière. Cette manière de définir les relations a prévalu jusqu'à nos jours.

Dans certaines langues européennes, telles le français et l'anglais, l'expression *innamoramento* n'existe même pas. On emploie le mot *tomber*[1], *fall*[2]. Dans la langue d'oc, naturellement l'expres-

1. En français dans le texte.
2. En anglais dans le texte.

sion existait (*adamare*) mais elle subit la répression consécutive à l'hérésie cathare. Le christianisme, par contre, établit une différence entre l'amour pour les hommes et l'amour pour Dieu (l'adoration). L'amour à l'état naissant, ainsi que nous l'avons décrit, aurait paru, aux yeux d'un père de l'Église, une pénible aberration sinon même un cas d'idolâtrie. D'autres exemples : « la grâce » pour le christianisme est une intervention divine, dans notre analyse, une expérience humaine.

Toutes les expressions théologiques que nous avons employées sont pour le chrétien des impropriétés, ou des analogies. Selon notre thèse, elles constituent un langage que la civilisation culturelle chrétienne a attribué à l'état naissant. En ce qui concerne l'amour naissant, c'est souvent le seul langage en notre possession. Le cas du marxisme, sous plusieurs aspects, est identique à celui du catholicisme et de l'islam. Le marxisme naît également d'un mouvement collectif, se développe en en absorbant d'autres. L'expérience de l'état naissant (fin de l'aliénation, communisme, préhistoire/histoire, etc.) compose le noyau central.

Le marxisme transmet, lui aussi, son langage à tous les mouvements révolutionnaires et ceux qui n'adoptent pas sa terminologie perdent la parole. Pour le marxisme cependant, le sujet (le nous) reste la classe. Et la classe subit une transsubstantiation (c'est-à-dire, selon notre terminaison, l'état naissant) dans le passage de la classe *en soi* à la classe *pour soi*. Au regard du marxisme, il n'y a donc aucun mouvement collectif possible sinon de classe et lorsque se forme un mouvement collectif qui ne soit pas de classe ou qui ne se définisse pas par rapport à une classe, il en nie l'existence ou l'importance, il refuse en tout cas de l'inclure dans la catégorie des premiers.

Les mouvements collectifs religieux, du point de vue marxiste, sont donc de primaires et rudimentaires prises de conscience d'une condition d'exploitation et d'aliénation; mais tant que les hommes ne parviennent pas à la conscience de classe et à l'internationalisme prolétarien, ils ne dépassent pas le stade d'une conscience fallacieuse, et de la préhistoire. L'amour naissant, qui n'a rien à voir avec les classes sociales, qui peut même unir deux personnes appartenant à deux classes différentes, relève du privé, de l'irrationnel, d'un domaine où il n'y a pas de science et où il ne doit pas y en avoir. Comme il possède les propriétés du mouvement collectif, sans, pourtant, pouvoir être réduit à une classe, le thème de l'amour naissant apparaît comme un thème bourgeois sinon même réactionnaire. Est-ce à dire que Marx, Lénine, Mao Tsé-tung ne soient jamais tombés amoureux? Certes, ils sont tombés amoureux, exactement comme les autres. Mais cette dimension de leur vie est bannie de leur vie publique, elle est considérée comme une dimension privée, dépourvue de valeur, tout juste bonne à des commérages.

Examinons maintenant le féminisme. Il constitue, lui aussi, un mouvement et comme tout mouvement occidental, il se fonde sur l'amour naissant, avec ses expériences caractéristiques (séparation entre l'essentiel et l'inessentiel, authenticité, conscience de soi, interprétation de l'histoire — c'est-à-dire temps mythique, préhistoire, avènement du féminisme, libération finale de la femme — communisme, égalité, etc.). Mais une ligne de faille sépare les hommes des femmes. Le « nous » du féminisme se compose de femmes et non d'hommes. Le féminisme, comme tout mouvement collectif, sépare ce qui était uni et unit ce qui était séparé : il unit les femmes et les sépare des hommes. Tandis que l'amour bisexuel détache un homme et une femme de quelque chose d'autre (la famille, la parenté, la classe sociale, etc.) et les réunit. Le mouvement féministe, surtout au cours de ses différentes phases d'état naissant, ne pouvait considérer l'amour autrement qu'absurde et démentiel.

Comment peut-on accorder une valeur absolue à quelqu'un qui nous rend esclave, à quelqu'un qui appartient aux oppresseurs historiques des femmes, à quelqu'un qui en possède la façon de penser, de sentir, les gestes, tout ? Le féminisme a séparé le couple pour créer un champ de solidarité féministe ; il a attaqué, « démythifié » l'amour car, dans la société moderne, c'est à travers l'amour naissant et son langage que se constitue et se légitime le couple. Toutefois, le féminisme n'a pas élaboré une idéologie persécutrice : il n'a pas transformé le mâle en un être à détruire ou à supprimer, à l'instar du marxisme et de sa déclaration de guerre à la bourgeoisie. Le féminisme est un mouvement éthique, qui veut transformer le monde par la persuasion et non par la destruction. Aussi a-t-il fini par récupérer de nombreux aspects de l'amour naissant et par l'étudier[1]. D'ailleurs, le fait même d'avoir ré-établi une distance entre les hommes et les femmes, d'avoir rendu les femmes plus autonomes, plus conscientes, plus fortes, recrée les conditions nécessaires à cette tension entre des

1. Shulamith Firestone, *The Dialectic of Sex*, New York, William Morrow and Co, 1970. *(N.d.É.)*

êtres différents et qui constitue l'essence de l'amour.

La maturation féministe a également appris à la femme à se défendre contre la servitude morale dont on peut être victime dans l'amour, à vouloir une égalité réelle et pas seulement des déclarations et des promesses mélodramatiques, à donner moins d'importance à certaines choses telle la virginité ; elle a dépouillé la rhétorique amoureuse de beaucoup de ses mensonges. Peut-être la maturation féministe constitue-t-elle justement la condition culturelle nécessaire à un examen systématique du phénomène, en le soustrayant de la sphère de l'ineffable ou du mépris.

Examinons les choses d'un autre point de vue : utilitarisme, christianisme et marxisme sont trois forces historiques réelles ; elles agissent dans notre société et nous fournissent des systèmes conceptuels grâce auxquels nous voyons et nous interprétons le monde. Chacune de ces forces, pour employer l'expression de Foucault[1], constitue une *épistème*, un ensemble de règles imposées à une période historique déterminée, les seules qui permettent de penser et surtout de parler d'un sujet. Ce n'est qu'en rendant son propre discours conforme aux structures de la pratique discursive — observe Foucault — que le sujet peut accéder au discours, prendre la parole. A chaque époque, le seul discours « sérieux » est celui de *l'épistème* dominante. Aujourd'hui donc, une science de l'amour ne s'élabore que dans le système utilitariste, le système chrétien, ou le système marxiste. Or, il se trouve que tous les trois le réduisent à

1. Michel Foucault, *Les mots et les choses*, Gallimard, 1966.

quelque chose d'autre. On n'accède donc pas à un véritable savoir scientifique, religieux ou idéologique. Sur ces plans il n'existe pas, on ne peut en parler.

Quel langage alors s'accorde-t-il à l'amour naissant ? Celui de la grande poésie ou celui de la littérature mineure, celui du courrier du cœur, des histoires vécues, des bandes dessinées. Muet sur le terrain scientifique, religieux et idéologique, l'état naissant de l'amour n'a donc à sa disposition que deux lieux linguistiques : l'un sublime, ineffable ; l'autre, d'un saut vertigineux, tombe, grossier et populaire, dans le ridicule et le mépris. Cette impossibilité d'accéder à la parole vraie ne frappe pas seulement les personnes cultivées, elle se répercute dans notre vie à tous.

Si le langage manque, personne n'est en mesure de penser à ce qu'il éprouve, de parler de ce qu'il éprouve, de communiquer avec les autres. Exilé dans l'ineffable ou dans le méprisable, l'amoureux se sent étranger à la culture concrète dans laquelle il vit, son expérience lui semble totalement personnelle et pas du tout collective. En utilisant des définitions, des formules, des explications toujours déformantes ou inadéquates, toujours dirigées vers un autre but (idéologique, politique ou religieux), plus il veut apporter de clarté en lui-même, plus de confusion il y entraîne, plus il cherche à résoudre ses problèmes, plus il les complique, plus il sollicite les conseils des experts, plus il s'égare. Nous pourrions employer une expression éculée mais très utilisée pour dire que la culture officielle, qu'elle soit politique, scientifique ou religieuse, « réprime » l'état naissant à deux, en le transformant en quelque chose dont on ne peut parler de

167

manière appropriée. Dans cette perspective, la psychoanalyse, sous toutes ses formes, en accordant tant d'importance à la sexualité et en réduisant toutes les expériences à des transformations de la sexualité, accomplit, elle aussi, une action de refoulement. Comparé au siècle dernier, le processus de refoulement a pris une direction inverse. Au XIXe siècle, le langage de l'amour romantique servait à refouler la sexualité ; aujourd'hui, le contraire se produit : la sexualité, le discours sur la sexualité, les pratiques sexuelles, servent à réprimer, à refouler du champ de la conscience d'autres désirs, d'autres formes dans lesquelles l'éros se manifeste. Le conformisme et le refoulement existent toujours, ils ont seulement changé de signe.

21.

L'amoureux a-t-il un comportement antisocial ?
Se réfugie-t-il dans la vie privée pour éviter les
engagements publics et politiques ? Voilà une idée
typique de la culture répressive dont nous avons
parlé, une idée répandue, répétée et qui, pourtant,
ne possède pas le moindre fondement scientifique,
la moindre preuve en sa faveur.

Dans tous les grands mouvements politiques
nous trouvons, soit parmi les militants, soit parmi
les leaders, des gens qui ont participé à un mouvement collectif tout en étant amoureux. En Europe,
lors de la grande effervescence collective de libération nationale, au siècle dernier, le mot « romantique » servait à indiquer une orientation politique,
une orientation littéraire et une façon d'aimer.
Mais, après cette période, nous continuons à trouver des couples. Par exemple dans le milieu anar-
chisant des partisans de Mazzini[1] : il suffit de pen-

1. Giuseppe Mazzini, patriote italien, né à Gênes (1805-1872).
Fondateur d'une société secrète, *La Jeune Italie*, il ne cessa de
conspirer, en Italie, en Suisse, en Angleterre. En 1848, il proclama la
République de Rome et fit partie du triumvirat qui la dirigeait.
(*N.d.T.*)

ser à Anita et à Giuseppe Garibaldi[1]. Dans le mouvement marxiste, les choses se passent exactement de la même manière.

Ces faits, à eux seuls, démontrent que la thèse de l'amour égoïste, qui exclut l'engagement politique, est une erreur. Quand nous évoquions les conditions grâce auxquelles un amour naissant peut se prolonger (ou un amour garder la fraîcheur de l'état naissant) nous avions vu que les conditions idéales sont celles de la vie active, aventureuse, de la lutte côte à côte. Grâce aux instruments conceptuels dont nous disposons, nous pouvons à présent examiner un peu plus à fond l'argument.

L'amour naissant, comme tous les autres mouvements, surgit, au niveau de l'individu, d'une surcharge dépressive. La surcharge dépressive est due à une ambivalence grandissante envers un objet, individuel ou collectif, que d'abord on accepte et on aime et qui, peu à peu, se révèle décevant, injuste, incompatible avec le développement des forces historiques et vitales (en termes marxistes, les forces productives). Dans cette situation, les individus explorent des alternatives. Non seulement des alternatives individuelles (une autre personne), mais essentiellement des alternatives collectives idéales (une autre manière de vivre). Celle que nous avons décrite comme préparation à l'amour naissant constitue une initiation à une manière différente de voir, de sentir, de penser, d'agir, d'être ensemble.

A ce stade, celui qui cherche une vie plus intense,

1. Giuseppe Garibaldi, patriote italien, né à Nice (1807-1882). Il lutta pour l'unification de l'Italie, d'abord contre l'Autriche, puis contre le royaume des Deux-Siciles (expédition des Mille) et contre la papauté. Anita, sa compagne, le suivit dans ses luttes. *(N.d.T.)*

une vraie solidarité, peut rencontrer une autre personne plongée dans la même situation et, ensemble, ils expérimentent un état naissant à deux. Mais si les conditions historiques structurales s'y prêtent, si les conditions générales d'un conflit ethnique, religieux, national ou de classe existent, si des milliers de gens éprouvent le besoin d'une nouvelle solidarité et d'une nouvelle justice, alors surgit un état naissant collectif, un mouvement collectif politique ou religieux ou de classe dans lequel l'individu se reconnaît. Certes, lorsque les conditions historiques propres à un mouvement collectif n'existent pas, rien de tout cela n'arrive. De même, si les conditions historico-individuelles propres à l'amour ne sont pas réunies, l'amour ne naît pas. Il y a donc certaines conditions nécessaires à la naissance de l'amour et d'autres conditions nécessaires à d'autres processus collectifs, ou bien nécessaires à tous les deux. Dans ce cas, l'individu tombe amoureux, l'autre tombe également amoureux de lui et, ensemble, ils entrent dans le mouvement collectif, ils en constituent une cellule élémentaire. Le couple amoureux peut parfaitement entrer dans un mouvement collectif ; il y entre en tant qu'unité.

Mais il y a plus encore. Puisque les catégories de l'état naissant (réalité-contingence, authenticité, égalité, préhistoire-avènement, communisme, besoins primaires, etc.) sont essentiellement les mêmes, aussi bien dans l'état naissant à deux que dans les mouvements collectifs, il est très courant que le mouvement plus petit se reconnaisse dans le plus grand. C'est-à-dire que le couple amoureux « se reconnaît » dans le mouvement collectif et tend à se fondre en lui.

A ce moment-là, un problème *d'exclusivité* peut se manifester. L'état naissant à deux entraîne la formation d'un couple qui participe passionnément au mouvement mais qui, malgré cela, reste fermé érotiquement. Le couple est en quête d'amitié, de solidarité, d'un but général, mais, à l'intérieur de lui-même, il n'admet pas d'autres amoureux.

De son côté, le mouvement collectif conduit à la formation d'un groupe qui tend à devenir exclusif. Dans ce processus, il peut subir une évolution idéologique dans laquelle le « communisme » s'étend aux sexes. Les auteurs de cette idée peuvent être les membres du couple : ils ressentent le désir de faire part aux autres de leur bonheur ou, plus simplement, ils ne veulent faire souffrir personne. Nous avons un exemple de cette situation dans le livre *Que faire?* de Tchernychevski[1]. Quelle que soit la façon dont les choses évoluent, à un certain moment les deux projets alternatifs se heurtent et l'affrontement se présente, cette fois encore, comme un dilemme.

L'évolution du processus dépend de l'emplacement des points de non-retour. Dans certains groupes, l'amour exclusif de couple est considéré comme un obstacle au plein épanouissement du communisme total. Dans d'autres mouvements collectifs, au contraire, il est accueilli comme un point de non-retour et accepté comme un droit des individus. Pour donner un exemple, pendant la Réforme

1. Nikolaï Gorilovitch Tchernychevski (1828-1889) : philosophe, critique et écrivain russe. Opposant au régime tsariste, socialiste utopique, il écrit *Que faire ?* en 1863, roman et surtout manuel de conduite morale et politique dont l'influence fut considérable sur tous les révolutionnaires russes. Lénine disait de cette œuvre (dont il reprit le titre pour l'un de ses ouvrages fondamentaux) qu'elle « fournissait de l'énergie pour toute une vie ». (*N.d.É.*)

protestante, le luthérianisme et le calvinisme ont accepté l'amour du couple. Par contre, parmi les anabaptistes de Münster on a imposé la communauté des sexes. Dans la plupart des communes anarchistes italiennes et andalouses, le couple a été accepté, dans certains groupes du nihilisme russe il ne l'a pas été, etc.

Le fait que des personnes appartenant à la même religion tombent souvent amoureuses les unes des autres, ou des personnes se réclamant de la même idéologie (des frères, des patriotes, des camarades), ne signifie-t-il pas que nous nous éprenons de ceux qui nous ressemblent le plus, de ceux qui partagent nos mêmes idées et nos mêmes idéaux ? Et cette constatation n'entre-t-elle pas en opposition avec ce que nous avons déjà affirmé, c'est-à-dire : l'amour exige toujours une différence, une transgression ? Pour donner une réponse exacte, il faut distinguer nettement deux cas : celui où les frères, les camarades, les amis se constituent à l'intérieur d'un mouvement collectif, l'autre où, au contraire, ces mots indiquent l'appartenance à un parti, à une église, à une association.

Dans le cas du mouvement collectif, avant son apparition, n'existaient ni patriotes, ni frères, ni camarades. Ils sont nés de la fusion du mouvement. Des personnes auparavant séparées, aux idées différentes, aux expériences différentes, se « reconnaissent » dans l'état naissant du mouvement collectif et découvrent une solidarité jamais éprouvée auparavant. Il faut le répéter : avant la formation du mouvement collectif, cette solidarité, cet enthousiasme, cette communauté d'idées n'existaient pas du tout. Avant, ces personnes, même si elles présentaient certaines conditions communes, étaient différentes et isolées. Le processus de fusion se produit grâce au mouvement ; il en est le résultat — et non pas la cause — il amène les gens à partager les mêmes valeurs, les mêmes idéaux et le même projet. Ce n'est pas leur ressemblance antérieure qui entraîne l'identification ; ils se reconnaissent dans l'état naissant. Réfléchissons au mouvement islamique apparu en Iran et qui, en quelques mois seulement, a renversé le shah. Au cours des années précédentes s'étaient formés de nombreux groupes d'opposition : libéraux, marxistes, terroristes, religieux. Ils n'ont trouvé une solidarité commune et une appartenance commune que dans le mouvement collectif. Actuellement, ils minimisent leurs divergences, n'attachent pas d'importance aux différences passées, partagent les mêmes idéaux et semblent l'avoir toujours fait. En réalité, ils sont les produits du mouvement. Donc les différences existaient, le mouvement les a éliminées ou réduites. A l'intérieur du mouvement, au stade de l'état naissant, en général, on ne tombe pas amoureux car le groupe annule les différences.

Reste alors le cas de la vie quotidienne. Au sein d'un parti ou d'une église, les probabilités de tomber amoureux sont plus grandes qu'ailleurs. Tout simplement parce que les occasions d'être ensemble, d'établir des relations, de se connaître y sont plus fréquentes. Il en est de même dans une entreprise, un groupe sportif, un quartier. Dans tous ces cas, avoir des intérêts communs, des valeurs communes, constitue un élément qui facilite les choses ; au-delà d'un seuil d'hétérogénéité, on ne peut tomber amoureux. En tout cas, on ne peut s'éprendre de quelqu'un qu'on ne connaît pas, à qui on n'a jamais parlé.

Voilà donc nos conclusions. Si deux êtres, à la recherche d'une solidarité autre, se rencontrent alors qu'un grand mouvement collectif est en train d'éclater, ils tombent amoureux et leur amour se canalise dans le mouvement, et se reconnaît dans son idéologie et dans ses valeurs. Ce couple, alors, entre dans le mouvement en tant qu'unité. L'état naissant du mouvement ne l'atteint pas. L'amour est donc plus fréquent à l'aube des grands mouvements, souvent il les précède. Par contre, lorsque les individus entrent séparément dans un mouvement, ils ont tendance à s'identifier au groupe ou à son leader ; leur amour ne peut être exclusif. Dans la phase de déclin du mouvement collectif, l'amour reprend son importance lorsque l'expérience de l'état naissant survit dans le cœur des participants comme une nostalgie, un désir profond et poignant d'un monde idéal qu'on ne peut plus retrouver dans l'action collective.

Dans ce cas, la perte subie au niveau collectif peut être compensée à travers l'état naissant à deux, riche de ses valeurs politiques, religieuses ou idéologiques. Les deux amoureux éprouvent alors le sentiment d'être la plus petite cellule d'un mouvement plus grand. Pour employer l'expression d'une chanson d'Ivan della Mea[1], « Toi et moi formons une ligue ». Dans cet exemple, la ligue est socialiste : l'amour est vécu comme l'unité d'un mouvement plus grand, le mouvement socialiste.

Qui alors répand l'idée selon laquelle l'amour serait un mouvement égoïste et fermé ? L'institution politique, idéologique ou religieuse qui prétend exercer un contrôle total sur les individus. De

1. Compositeur italien contemporain de chansons politiques. (N.d.T.)

nombreux groupes et institutions, nés des mouvements, demandent à chaque individu un dévouement total au groupe. Il suffit de penser aux ordres monastiques catholiques. Au début, plusieurs d'entre eux sont nés de mouvements constitués soit par des hommes soit par des femmes. Par la suite, en devenant un ordre — c'est-à-dire une institution — ils séparent les hommes des femmes et ils établissent un régime d'obéissance absolue à l'égard des supérieurs.

Il en est de même dans les groupes révolutionnaires ou politiques où l'on instaure une discipline de fer. Pour ces groupes exclusifs, qui exigent le dévouement absolu et l'obéissance totale de chaque individu, le couple représente une entrave, une limitation, une restriction du pouvoir total du groupe. Le *groupe totalitaire* se sent *lésé* par la résistance de ces individus singuliers qui conservent une aire inaccessible à son pouvoir. Cette aire, soustraite au pouvoir totalitaire du groupe, s'appelle la *vie privée*. Du point de vue du groupe, cette limite, cette privation, ce « privé » représentent une limitation, une perte. Voilà pourquoi le groupe le combat et le déclare égoïste, indigne. Telle est l'origine du jugement négatif que beaucoup de marxistes portent sur l'amour. Ils parachèvent l'opération idéologique en établissant une relation entre ce « privé » (comme dé-privation du groupe) et la « propriété privée », c'est-à-dire la propriété soustraite au monopole politique de l'État ou du parti. Naturellement, il ne s'agit pas de la même chose, mais puisque dans les deux cas il est question d'une soustraction aux prétentions monopolisantes du pouvoir, ces phénomènes sont idéologiquement assimilés.

Plus le système idéologique, religieux et politique est totalitaire, plus il manifeste de l'hostilité envers ceux qui veulent se soustraire à son pouvoir. Il est donc hostile au couple amoureux, car il constitue la plus petite unité sociale capable de lui lancer un défi.

22.

Peut-on, par un acte de volonté, cesser d'être amoureux? Non. Peut-on, par un acte de volonté, éviter de tomber amoureux? Oui. Que peut la volonté face à un amour déjà épanoui? Décider de couper net, de ne plus voir la personne aimée, de s'éloigner d'elle. Tous ces actes, la volonté peut les accomplir. Et tant que la personne aimée est présente, rien ne semble plus facile. L'état naissant confère une force extraordinaire qui nous permet de dire non. Mais cette force cesse instantanément dès que nous avons perpétré l'acte irréparable par lequel nous perdons notre amour : alors, la pétrification et la nostalgie s'installent.

Il existe, par contre, un savoir destiné à éviter de tomber amoureux. Toutes les institutions détiennent ce savoir, car toutes les institutions cherchent à empêcher l'individu de tomber amoureux ou à limiter les effets de cette « chute ». Toutes les institutions, que les mouvements collectifs ont fait naître et qu'ils ont revivifiées, sont toujours centrées sur une entité qu'elles estiment plus importante que n'importe quel individu. Que ce soit le parti, le mouvement, la classe, la patrie, l'église ou Dieu, cette entité — par définition — est supérieure à n'importe quel homme ou à n'importe quelle femme réels. Le savoir de l'institution dévalorise la déification d'un individu et ceux qui appartiennent à une institution acquièrent ce savoir. Pendant deux mille ans, l'Église catholique a appris à ses prêtres à préférer les amours célestes aux amours terrestres, à éviter les tentations, à confesser même les péchés du désir, toujours prompte à faire sentir son autorité. Pour éviter de tomber amoureux — écrivait Stendhal[1] — il faut agir tout de suite, aux tout premiers moments, après il peut être trop tard. Celui qui ne veut pas aimer d'amour doit tout de suite briser le premier élan d'attraction : si une personne lui plaît, il doit en fréquenter une autre, s'il se surprend à regarder deux fois de suite une maison, il doit changer de ville, s'il s'aperçoit qu'il ressent du plaisir à être admiré, il doit s'ingénier à provoquer le mépris. Un manuel pour se protéger de l'amour ressemblerait de très près à un livre d'ascèse dans lequel la sexualité elle-même serait utilisée pour éviter la « chute ».

Mais pourquoi tant de peine ? Pourquoi le fait de tomber amoureux exerce-t-il une telle attraction — étant donné tous les malheurs qu'il entraîne ? Pourquoi constitue-t-il une telle tentation ? Après tout ce que nous avons dit, nous pouvons apporter une réponse. Ce n'est pas le fait de tomber amoureux qui constitue la tentation de l'Occident, c'est l'état naissant. Nous sommes attirés par l'amour, car nous avons appris à être attirés par l'état naissant. Cet apprentissage se produit effectivement au travers des institutions qui — comme nous l'avons vu

1. Stendhal, *De l'amour*, Paris, 1822.

— le représentent sur le plan symbolique comme déjà réalisé et, sur le plan pratique, à réaliser. Les principales institutions de l'Occident, religieuses et politiques, anciennes et modernes, se fondent toutes sur les catégories de l'état naissant.

Nous sommes attirés par l'état naissant, il constitue le rêve de l'Occident. Les anciens mystères préchrétiens racontaient la mort et la renaissance du dieu, les fêtes essentielles du christianisme sont Noël et les Pâques de la résurrection. A la fin des temps, le christianisme promet la résurrection de la chair et la nouvelle Jérusalem. L'islam, dans ce sens complètement occidental, enseigne l'attente du dernier jour. Le marxisme parle de révolution, de renouveau, de fin de l'histoire. Pour désigner une période riche de valeurs, nous employons des expressions telles que : la Renaissance, le *Risorgimento*, le renouveau.

Dans la grisaille du présent, nous attendons un jour nouveau, une vie nouvelle, un printemps nouveau, une rédemption, un rachat, une revanche, une révolte. Le temps divin des origines, que les mythes religieux situent dans le passé, le marxisme dans le futur, l'amour dans le présent, nous attire toujours. Telle est la tradition culturelle de l'Occident.

Mais ce qui dans l'Occident constitue le rêve ultime, est, pour l'Orient, notamment pour la culture hindoue et bouddhique, le cauchemar à éviter. « La naissance est douleur, la maladie est douleur, la vieillesse est douleur, la mort est douleur, être uni à celui que l'on n'aime pas est douleur, être séparé de celui que l'on aime est douleur. » Ainsi parlait Siddhârta Gautama, l'illuminé, le Bouddha, interprétant une pensée déjà présente dans les textes hindous. Renaître signifie retourner dans l'enfer de la vie, rencontrer inévitablement la douleur. L'état naissant, de ce point de vue, représente la plus grande des illusions. On ne peut entrer dans le jardin d'Eden et y demeurer : on peut seulement y entrer pour en être chassé, sans cesse, éternellement ; succession continuelle d'incarnations (le *samsâra*) sans espoir. S'incarner est ainsi une condamnation, désirer renaître une folie. La véritable espérance ne réside pas dans l'attente de la dernière et définitive renaissance heureuse, mais dans le renoncement à la renaissance, dans son rejet. Ne nous laissons pas prendre au piège des images de la métempsycose : une succession d'incarnations dans d'autres êtres (animaux, plantes, objets et, de nouveau, hommes). Le cycle des renaissances peut très bien s'appliquer à la vie de l'individu : il meurt et renaît sans cesse, il souffre mais il espère toujours renaître à une nouvelle vie heureuse. Cependant, il ne rencontre que douleur. Ce désir perpétuel, cette quête perpétuelle et vaine découlent de notre conception du monde, de nos catégories : avant tout celle d'être. L'existence d'un moi, d'une âme, d'un monde, d'un dieu, d'une classe, c'est-à-dire d'un être d'amour non ambivalent et source perpétuelle de vie.

La pensée orientale a refusé radicalement l'expérience originelle, immédiate, de l'état naissant : « L'être existe, le non-être n'existe pas. » En rejetant ce problème initial, elle a récusé toute la pensée métaphysique occidentale, celle d'où dérivent notre religion, notre philosophie, notre politique. L'idéal d'un absolu objectif qui se révèle à l'âme rationnelle mue par éros — la raison des Grecs — est, selon la pensée indo-bouddhiste, à l'origine d'un espoir insensé : celui d'une vie perpétuellement heureuse, donc perpétuellement condamnée à l'échec. En abandonnant le langage philosophique pour le langage psychologique, nous pouvons dire que la pensée orientale a inventé une autre solution à la surcharge dépressive où l'état naissant prend sa source (et donc l'amour naissant également). Au lieu de chercher un seul objet d'amour non ambivalent qui étanche la soif, les Orientaux tentent de surmonter la soif; au lieu du bonheur total et exalté, ils cherchent à dépasser, à la fois, le bonheur et la douleur : le *nirvâna* est cette béatitude d'où toute passion est bannie. A la place de l'amour, naîtra donc un *art érotique*, grâce auquel on pourra tirer du plaisir de soi-même et des autres, sans dépendre de cet être unique, particulier, différent de tous, irremplaçable, et par lequel on perdrait tout si on venait à le perdre. Le savoir érotique exploite aussi les inclinations individuelles, les préférences que chacun manifeste, mais il refuse systématiquement les liens exclusifs. Historiquement, ce savoir érotique s'est élaboré dans les harems, dans les groupes religieux qui pratiquaient le communisme sexuel, ou dans la prostitution religieuse. Ce genre d'érotisme n'a jamais prétendu constituer la base du couple conjugal et, donc, de la famille. La famille, en Inde comme en Chine, résultait de la confluence des systèmes de parenté : le choix individuel comptait donc peu ou pas du tout. L'*art érotique* permettait de tirer du plaisir d'un rapport qui, en lui-même, n'avait aucune raison particulière de procurer plus de satisfaction qu'un autre. Dans les classes nobles où d'ailleurs, il s'est formé, avoir des concubines était l'usage courant. La sexualité était donc dissociée du mariage, séparée de la passion et même de l'amitié pour une seule personne.

En Occident, l'évolution a été inverse : l'éros passionnel a englobé la sexualité, l'amitié, le mariage, même la procréation. Seul l'Occident, plus précisément l'Europe, a tenté d'imposer la monogamie, en a fait un idéal. En Europe seulement on a prétendu, à un certain moment, attribuer à l'état naissant de l'amour la stabilité du couple, de la famille et même les critères de la perpétuation de l'espèce. Pourquoi, en effet, le choix du conjoint, du partenaire avec lequel on désire avoir un enfant est-il confié à l'amour ? Cela signifie qu'on veut avoir un enfant de la personne qui apparaît à nos yeux absolument extraordinaire et que, à tous égards, nous avons préférée, absolument, à toutes les autres, celle pour laquelle nous sommes prêts à lutter de toutes nos forces contre tout le reste.

L'incroyable individualisme de l'Occident, sa conception de la personne humaine (un être absolument unique et doué de valeur) se sont lentement édifiés à travers l'expérience que font deux êtres — chacun extraordinaire aux yeux de l'autre — en mettant au monde ce qui est extraordinaire pour eux deux. Tout cela est absent de la tradition orientale : la sexualité a trouvé l'espace de son extraordinaire dans l'art érotique, mais elle exclut toute passion pour un individu unique et irremplaçable. Il n'y a donc chez les Orientaux, ni amour naissant, ni jalousie pathologique, ni tourment, ni pétrification, ni nostalgie. Surtout pas de nostalgie, cette maladie de l'Occident qui conserve dans notre cœur l'image merveilleuse d'un possible, en quelque sorte déjà vécu ou entrevu, et qui, peut-être — nous n'en connaissons ni le jour ni l'heure —, ouvrira toutes grandes les portes de l'époque heureuse, l'aube radieuse du jour nouveau.

Toutefois, dès l'après-guerre, il y eut un échange entre l'Orient et l'Occident. D'abord et surtout à travers le marxisme, l'« espoir » de l'Occident est devenu l'une des composantes systématiques de la politique et de la façon de penser des pays orientaux. Ensuite, le doute que les Orientaux formulent contre les absolus religieux, politiques et personnels occidentaux s'est frayé un chemin jusque chez nous. Notamment dans le domaine du couple où le critère de l'exclusivité monogamique est de plus en plus critiqué. Même en Occident, se répandent des formes de participation collective et d'expériences gnostico-orientales qui nous permettent d'atteindre un état spirituel et érotique par des voies différentes de celles de l'amour individuel. La science moderne est parvenue à un niveau si élevé de relativisme qu'elle refuse totalement le concept d'une chose en soi, au-delà des apparences que les instruments révèlent.

L'amour, en tant que « figure reconnue » d'un mouvement collectif, est peut-être en déclin. S'il en est ainsi, ce livre peut apparaître comme le symptôme avant-coureur de cette transformation. Hegel disait que la pensée, comme la chouette de Minerve, ne distingue les choses qu'au crépuscule, qu'elle ne découvre donc le sens d'un phénomène social et d'une institution que lorsqu'ils déclinent juste avant de disparaître.

Dans un domaine comme le nôtre, les prévisions sont très difficiles. Certes, dans l'histoire de l'Occident, les mouvements collectifs ont été à l'origine des idéologies totalitaires, du fanatisme et de l'intolérance. L'analyse critique des mouvements et de la genèse des idéologies constitue un programme nécessaire, une transition obligatoire pour éviter des catastrophes futures. Si cette analyse devait servir à empêcher de nouveaux fanatismes, elle remplirait sans doute sa tâche historique. Et puisque l'amour naissant a, au plus profond de lui, une nature identique à celle des mouvements collectifs, lui aussi doit être analysé, étudié, compris. Nous devons explorer d'autres voies, inventer d'autres institutions.

Probablement, l'état naissant survivra, l'amour également, seuls changeront à la fin leur élaboration culturelle, leur rapport aux autres formes sociales. Je le pense car, en général, une tradition culturelle ne disparaît pas, elle renaît sous d'autres formes. Les civilisations durent des millénaires, toujours.

DANS LA MÊME COLLECTION

MILES DAVIS
Autobiographie

DIDIER DECOIN
Béatrice en enfer
Il fait Dieu

FRANÇOISE DOLTO
L'échec scolaire

BORIS ELTSINE
Jusqu'au bout !

**ALBERT FALCO/
    YVES PACCALET**
Capitaine de la Calypso

DAVID FISHER
Ultime otage (mars 93)

**JEAN-CHARLES
    DE FONTBRUNE**
Nostradamus historien
    prophète

DIAN FOSSEY
Gorilles dans la brume

MEP GIES
Elle s'appelait Anne Frank

FRANÇOISE GIROUD
Alma Mahler
Jenny Marx (juin 93)

**FRANÇOISE GIROUD/
    GÜNTER GRASS**
Écoutez-moi

JEAN GRÉMION
La planète des sourds

MAREK HALTER
Argentina, Argentina
Le fou et les rois
La mémoire d'Abraham
Les fils d'Abraham
Un homme, un cri

KATHARINE HEPBURN
Moi, histoire de ma vie
    (avril 93)

DAVID HEYMAN
Jackie

**JERRY HOPKINS/
    DANIEL SUGERMAN**
Personne ne sortira d'ici
    vivant

**CLAIRE HOY/
    VICTOR OSTROVSKY**
Mossad

CHRISTOPHER HUDSON
La déchirure

NICOLAS HULOT
Les chemins de traverse

Achevé d'imprimer en décembre 1992
sur les presses de l'Imprimerie Bussière
à Saint-Amand (Cher)

PRESSES POCKET - 12, avenue d'Italie - 75627 Paris Cedex 13
Tél. : 44-16-05-00

— N° d'imp. 3558. —
Dépôt légal : janvier 1993.
Imprimé en France